数字文化产业研究

张 欢 著

吉林出版集团股份有限公司
全国百佳图书出版单位

图书在版编目（CIP）数据

数字文化产业研究 / 张欢著. -- 长春：吉林出版集团股份有限公司, 2025.6. -- ISBN 978-7-5731-6577-0

Ⅰ. G114

中国国家版本馆CIP数据核字第20255VS640号

SHUZI WENHUA CHANYE YANJIU

数 字 文 化 产 业 研 究

著　　者	张　欢
责任编辑	杨亚仙
装帧设计	张玉格

出　　版	吉林出版集团股份有限公司
发　　行	吉林出版集团社科图书有限公司
地　　址	吉林省长春市南关区福祉大路5788号　邮编：130118
印　　刷	长春新华印刷集团有限公司
电　　话	0431-81629711（总编办）
抖 音 号	吉林出版集团社科图书有限公司　37009026326

开　　本	710 mm×1000 mm　1 / 16
印　　张	11
字　　数	180 千字
版　　次	2025 年 6 月第 1 版
印　　次	2025 年 6 月第 1 次印刷

书　　号	ISBN 978-7-5731-6577-0
定　　价	55.00 元

如有印装质量问题，请与市场营销中心联系调换。0431-81629729

前　言

在21世纪的今天，数字技术正以惊人的速度重塑着我们的世界，而文化产业作为人类社会精神生活的重要组成部分，也在这场数字化浪潮中经历着深刻的变革。数字文化产业，这一新兴领域的崛起，不仅标志着文化产业与数字技术的深度融合，更预示着文化产业发展的新方向和新机遇。

在这样的时代背景下，作者编写了《数字文化产业研究》一书。本书旨在全面、深入地探讨数字文化产业的发展现状、趋势、挑战和机遇，为相关的研究者和从业者提供有益的参考。全书共五章，分别为：数字文化产业概述、数字文化产业发展现状、数字文化产业创意与策划基础、数字传媒业的创意与策划、数字文化产业发展途径。

本书在撰写过程中参考和借鉴了大量有关学者的文献及学术著作，在此对相关作者表示感谢。由于水平有限，书中难免存在不当之处，恳请有关专家、同行批评指正，以便后期修订完善。

编者
2024.6

目 录

第一章　数字文化产业概述 …………………………………………… 1
 第一节　数字文化产业 …………………………………………… 1
 第二节　数字文化产业的生态系统 ……………………………… 12
 第三节　数字文化产业发展的驱动因素 ………………………… 18

第二章　数字文化产业发展现状 ……………………………………… 27
 第一节　数字文化产业全球发展概况 …………………………… 27
 第二节　我国数字文化产业发展现状 …………………………… 31
 第三节　数字文化产业细分领域发展现状 ……………………… 39

第三章　数字文化产业创意与策划基础 ……………………………… 51
 第一节　文化产业创意概述 ……………………………………… 51
 第二节　文化产业策划 …………………………………………… 68

第四章　数字传媒业的创意与策划 …………………………………… 83
 第一节　数字影视文化产业创意与策划 ………………………… 83
 第二节　网络视频产业创意与策划 ……………………………… 111
 第三节　手机媒体的创意与策划 ………………………………… 116
 第四节　数字出版业创意与策划 ………………………………… 125

第五章　数字文化产业发展途径 ……………………………………… 139
 第一节　数字文化产业的基础构建 ……………………………… 139
 第二节　内容创新与多样化发展 ………………………………… 143
 第三节　市场拓展与营销策略 …………………………………… 148
 第四节　产业融合与协同发展 …………………………………… 153
 第五节　人才培养与组织创新 …………………………………… 157
 第六节　案例分析与经验借鉴 …………………………………… 162

参考文献 ………………………………………………………………… 167

第一章　数字文化产业概述

第一节　数字文化产业

数字文化产业，作为新时代文化产业的重要组成部分，正以前所未有的速度蓬勃发展。这一产业以文化创意内容为核心，依托数字技术进行创作、生产、传播和服务，展现出强大的生命力和广阔的发展前景。

一、数字文化产业的定义与内涵

数字文化产业是指以文化创意内容为核心，依托云计算、物联网、大数据、人工智能等数字技术进行创作、生产、传播和服务的新兴产业。它不仅仅是对传统文化产业的数字化改造，更是利用数字技术推动文化创意内容的创新与发展，形成全新的产业形态和商业模式。数字文化产业涵盖数字娱乐、数字艺术、数字出版、数字教育、数字博物馆、数字图书馆等多个领域，这些领域以数字化为基础，利用数字技术创造文化产品和提供服务。

二、数字文化产业的主要特征

(一) 技术驱动性

数字文化产业的核心驱动力是数字技术。随着互联网、移动互联网、5G、大数据、人工智能等技术的迅猛发展，数字文化产业得以不断创新和升级。

这些技术为文化创意内容的创作、生产、传播和服务提供了强大的技术支持，使文化产业的生产效率、传播速度和用户体验都得到了显著提升。数字技术的不断进步，为数字文化产业的发展开辟了广阔的空间，推动了产业形态和商业模式的不断创新。

（二）内容创新性

数字文化产业以文化创意内容为核心，强调内容的创新性和独特性。数字技术为内容创新提供了无限可能，使得数字文化产品得以以前所未有的方式展现和传播信息。通过虚拟现实（VR）、增强现实（AR）、3D 打印等先进技术，数字文化产品能够以更加生动、形象、立体的方式呈现，极大地丰富了信息的表现形式和传播渠道。这种创新不仅体现在娱乐领域（如游戏、动漫等）也在新闻、教育等传统领域发挥着重要作用，推动了文化创意内容的持续创新和发展。

（三）传播网络化

数字文化产业的传播方式具有网络化的特点。通过互联网和移动互联网平台，数字文化产品可以迅速传播到世界各地，打破了地域和时间的限制。这种网络化的传播方式极大地拓宽了文化传播的范围，并显著提高了传播速度，使得文化产品能够更快、更广地触达受众。同时，网络化的传播方式也促进了文化的交流和互鉴，推动了全球文化多样性的发展和繁荣。

（四）消费个性化

数字文化产业强调消费个性化。通过个性化推荐、沉浸式体验等技术手段，数字文化产品能够更好地满足用户的个性化需求，提升用户体验和满意度。个性化推荐算法能够根据用户的兴趣、行为和历史数据，智能推荐符合用户喜好的内容，提高用户的黏性和忠诚度。而沉浸式体验技术的发展也让用户能够更加深入地参与到内容中去，如通过 360°全景视频、交互式剧情等方式，让用户获得前所未有的参与感和代入感。

（五）业态融合性

数字文化产业具有显著的业态融合特点。随着数字技术的进步和应用场景的不断拓展，数字文化产业正与其他行业进行深度融合，形成新的业态和增长点。例如，在教育领域，数字文化产业通过在线课程、虚拟实验室等形式，为学生提供了更加便捷、高效的学习体验；在医疗领域，数字文化产业结合远程医疗、智能诊断等技术，为医生和患者提供了更加精准、及时的医疗服务；在旅游领域，数字文化产业通过虚拟旅游、智能导览等方式，让游客在家中就能领略到世界各地的美景和文化。这种跨界融合不仅推动了数字文化产业的发展和创新，也为其他行业带来了新的增长点和机遇。

三、数字文化产业的分类与领域

依据我国国民经济行业分类与代码的标准，数字文化产业这一广袤而多元的领域，可以精细地划分为四大类，每一类都蕴含着丰富的内涵与无限的潜力。

（一）数字文化技术设备制造

数字文化技术设备制造是数字文化产业的基础支柱，它涵盖数字媒体设备制造、数字游艺设备制造、智能服务终端制造等多个关键领域。这些设备不仅仅是冰冷的机器，更是数字文化产业蓬勃发展的基础设施和得力工具。它们为数字文化产品的创作、生产、传播和服务提供了坚实的硬件支持，是数字世界与现实世界交互的桥梁。

（二）数字创意内容业

数字创意内容业是数字文化产业的核心与灵魂。它包括数字文化创意软件开发、电信广播电视传输服务、互联网媒体服务、数字文化创意内容制作等一系列重要环节。这一领域汇聚无数的创意人才和技术精英，他们共同负责文化创意内容的创作和生产，用智慧和才华编织出数字世界的斑斓画卷。

（三）数字化文化娱乐业

数字化文化娱乐业是数字文化产业中最为活跃和多彩的部分。它涵盖数字化会展业、数字化文化艺术业、数字化娱乐业等多个领域。数字化文化娱乐业以数字技术为引擎，为用户提供了丰富多样的文化娱乐服务。无论是虚拟现实的沉浸式体验，还是在线游戏的激情对决，都让用户在数字化的世界里找到了无尽的乐趣，获得了身心的放松。

（四）数字化文化服务业

数字化文化服务业是数字文化产业中不可或缺的一部分，它利用数字技术提升文化服务的效率和质量。这一领域包括数字化景区管理、数字化文化休闲服务、数字化文化综合服务等多个方面。通过智能化的管理和服务手段，数字化文化服务业为用户提供了更加便捷、高效的文化服务体验，让文化的魅力触手可及。

四、数字文化产业的产生与发展

（一）数字文化产业的产生背景

1. 科技革命的推动

数字文化产业的兴起得益于一系列科技革命的推动。首先，计算机的发明开启了数字化进程，使得信息的存储、处理和传输更加高效和便捷；随后，互联网的普及让数据广泛流动起来，实现了信息的全球共享；进入移动互联网时代，智能手机和移动应用的普及更是将人和数据紧密地联系在一起，创造了无尽的数字化场景和应用。这些技术的不断进步为数字文化产业的兴起提供了坚实的技术基础。

2. 文化需求的多元化

随着经济的快速发展和人民生活水平的提高，人们对文化产品的需求也日益多元化和个性化。传统文化产业在满足人们基本文化需求的同时，也逐渐暴露出内容单一、传播受限等问题。而数字文化产业以其丰富的表现形式、便捷的传播渠道和个性化的服务特点，契合了人们对文化产品多元化和个性化的需求，从而获得了广阔的发展空间。

3. 政策环境的支持

政府对于数字文化产业的支持也是其产生与发展的重要因素之一。近年来，我国政府出台了一系列政策措施，鼓励和支持数字文化产业的发展。这些政策不仅为数字文化产业提供了资金、税收等方面的优惠，还为其营造了良好的市场环境和创新氛围，推动了数字文化产业的快速成长。

（二）数字文化产业的发展历程

1. 起步阶段

数字文化产业的起步阶段（20世纪80年代—90年代中后期）主要以广播电视、数字出版业等为主要业态。随着第四代激光照排技术在中国研发成功并应用，出版业率先进行了数字化转型。数字化转型大大提高了出版效率，使出版内容以数字化的形态保存和传播，进一步扩大了出版产品的范围。这一时期，虽然数字文化产业尚未形成规模，但其基础已经奠定，为后续的发展打下了坚实的基础。

2. 发展阶段

进入21世纪后，随着互联网在中国正式商业化以及四大门户网站的出现，数字文化产业迎来了快速发展阶段（2000年—2010年）。这一时期，数字文化产业形态逐步增加，网络文学、网络游戏、网络音乐、网络视频等新兴业态不断涌现。虽然由于使用互联网的人数有限及在线支付技术落后等因素的限制，数字文化产业尚未形成大规模的在线支付交易，但其作为信息渠道的角色已经为传统产业提供了产品销售广告服务。同时，政府也开始认识到发展数字文化产业的重要性，并出台了一系列政策措施进行引导和扶持。

3. 扩容阶段

2011年至2020年是中国移动互联网和智能手机大发展的时期，也是数字文化产业扩容的重要阶段（2011年—2020年）。这一时期，各类数字文化产业相关APP产品层出不穷，为数字文化产业提供了更加便捷的传播渠道和服务平台。同时，微信、支付宝等移动支付服务的普及也为数字文化产业的商业变现提供了有力支持。在这一阶段,数字文化产业的新业态不断涌现并向着规模化、成熟化方向迈进,如短视频创作、数字电竞、数字营销、数字媒体、动漫及衍生品产业等。此外,政府也加大了对数字文化产业的支持力度,出台了一系列政策措施推动高质量发展。

4. 高质量发展阶段

当前,数字文化产业正处于高质量发展阶段(2021 年至今)。随着 5G、VR、AR、区块链等技术的推出和逐渐成熟,其在文化产业中的应用场景不断拓展和丰富。这些技术的应用不仅提高了数字文化产品的创作和生产效率,还丰富了其表现形式和传播渠道。同时,政府对数字文化产业的支持力度也在不断加大,推动其与文化、旅游等相关产业的融合发展。在这一阶段,数字文化产业更加注重优质内容的创作和版权保护,致力于推出更多具有中国特色和国际影响力的数字文化产品。

四、数字文化产业发展趋势

随着技术的持续进步和市场的日益拓展,数字文化产业正显现出一系列明确的发展趋势,这些趋势不仅塑造了产业的当前形态,也预示着其未来的发展方向。

(一)内容创新加速

数字技术为内容创新提供了前所未有的广阔空间。随着技术的不断进步,数字文化产业将更加注重内容的创新性和独特性。通过引入新技术,如虚拟现实、人工智能、区块链及新元素和新理念等,数字文化产业将推动文化创意内容的不断升级和迭代。这种创新不仅体现在形式的多样化上,更将深入到内容的本质,创造出更加丰富、多元、具有深度的文化产品。

(二)用户体验优化

用户体验是数字文化产业发展的核心驱动力。为了吸引和留存用户,数字文化产业将不断优化和提升用户体验。这包括通过个性化推荐算法,为用户提供更加匹配其兴趣和需求的内容;通过沉浸式体验技术,如 VR、AR

等,让用户更加深入地参与到文化产品中去;以及通过优化界面设计、提高加载速度等手段,提升用户的整体使用感受。

(三) 跨界融合加深

数字文化产业正逐渐打破传统行业的界限,与其他行业进行深度的融合。这种跨界融合不仅发生在文化产业内部的不同领域之间,也发生在文化产业与其他行业(如教育、医疗、旅游等)之间。未来,这种跨界融合的趋势将进一步加深,形成更多的新业态和新模式。例如,数字文化产业可以与旅游业结合,通过虚拟现实技术为用户提供虚拟旅游体验;可以与教育行业结合,通过在线课程、虚拟实验室等形式为用户提供更加便捷、高效的学习体验。

(四) 国际化发展加速

随着全球化的不断深入和互联网技术的普及,数字文化产业的国际化发展将加速推进。中国数字文化产业将积极参与国际竞争与合作,推动中国文化产品走向世界舞台。这包括通过国际文化交流活动、海外推广项目等方式,提升中国文化产品的国际知名度和影响力;通过与国际知名文化企业合作,共同开发具有全球影响力的数字文化产品;以及通过参与国际文化产业标准制订等方式,提升中国在全球文化产业格局中的地位和话语权。

五、数字文化产业的意义与影响

(一) 数字文化产业的意义

1. 推动文化产业创新升级

云计算、物联网、大数据、人工智能等先进技术,为文化产品的创作、生产、传播和服务提供了强大的技术支持。这种技术驱动的特性推动了文化产业的创新升级,使得文化产业的生产效率、传播速度和用户体验都得到显著提升。

2. 丰富文化消费形态

数字文化产业提供了多样化的文化产品和服务,如数字动漫、数字游戏、数字音乐、数字视频、数字出版及网络文学等。这些产品以数字形式存储在服务器上或以互联网为载体进行传播，具有可复制性、易传播性等特点，极大地丰富了人们的文化消费形态，满足了人民日益增长的精神文化需求。

3. 促进文化传承与创新

数字文化产业为文化传承提供了新的途径和方式。通过数字技术，可以将传统文化遗产进行数字化处理和保存，使得文化遗产得到更好的保护和传承。同时，数字文化也为传统文化的创新提供了新的思路和方法，使得传统文化能够在现代社会中焕发新的活力。

（二）数字文化产业的影响

1. 对经济的影响

促进经济增长：数字文化产业具有高附加值、高创新性、高成长性等特点，已经成为各国经济发展的重要支柱之一。《2024—2029年中国数字文化行业市场调查分析及发展前景展望报告》显示，我国数字文化产业规模持续扩大，对经济增长的贡献不断提升。

增加就业机会：数字文化产业的发展需要大量的人力资源，包括技术人员、创意人才、营销人员等。这为就业市场创造了巨大的机会，有助于缓解就业压力。

2. 对社会的影响

改变消费习惯：数字文化产业的兴起改变了人们的消费习惯。人们越来越倾向于通过互联网和移动设备获取和消费文化产品，这种便捷的消费方式提高了人们的生活质量。

增强文化多样性：数字文化产业的全球化传播促进了不同文化之间的交流和融合，增强了文化的多样性。人们可以更加方便地接触到来自不同地域和文化背景的文化产品，拓宽了视野，丰富了精神世界。

3. 对文化的影响

推动文化创新：数字技术为文化创新提供了无限可能。艺术家、作家和音乐家等创作者可以利用数字工具创作和处理作品，同时利用互联网将其传播给全球观众,突破了地域限制,激发了更多的创作灵感和创新思维。

提升文化传播效率:数字文化传播具有即时性和广泛性的特点,使得文化信息可以迅速传播到世界各地。这种高效的传播方式有助于提升文化的知名度和影响力,推动文化的普及和传承。

六、挑战与对策

(一)数字文化产业发展中的挑战

1. 技术瓶颈

关键核心技术薄弱:尽管我国在数字技术方面取得了显著进步,但在某些关键核心技术上仍存在短板,如高端芯片、操作系统等,这些技术的不足限制了数字文化产业的创新和发展。

技术应用融合不足:虽然数字技术在各个领域都有广泛应用,但在文化产业的深度融合方面还有待加强,技术与文化的融合创新仍需进一步探索。

2. 内容创新不足

文化内涵挖掘不够:部分数字文化产品过于追求形式上的创新,而忽视了对文化内涵的挖掘和传承,导致产品缺乏深度和持久吸引力。

原创能力不足:在数字文化领域,原创作品的数量和质量都有待提升,抄袭、模仿现象时有发生,影响了行业的健康发展。

3. 版权保护问题

侵权盗版现象严重:数字文化产品的易复制性和易传播性使得侵权盗版现象屡禁不止,严重损害了创作者的权益和行业的利益。

版权保护机制不完善:虽然我国在版权保护方面已经建立了相对完善的法律法规体系,但在实际操作中仍存在执行不力、维权成本高等问题。

4. 人才短缺

复合型人才匮乏:数字文化产业需要既懂技术又懂文化的复合型人才,但这类人才在市场上供不应求,难以满足行业快速发展的需求。

人才培养体系不健全:目前,我国数字文化产业的人才培养体系还不够健全,缺乏系统的培训和实践机会,导致人才素质参差不齐。

5. 市场与监管

市场竞争无序：部分领域存在恶性竞争、价格战等现象，扰乱了市场秩序，影响了行业的整体形象和发展环境。

监管政策滞后：随着数字文化产业的快速发展，新的业态和模式不断涌现，但相关监管政策往往滞后于产业发展，给行业带来了一定的不确定性。

（二）对策与建议

1. 加强技术研发与创新

为了推动数字文化产业的持续发展，必须加大对关键核心技术的研发投入，努力突破现有的技术瓶颈。关注能够引领行业发展的前沿技术，如人工智能、大数据、云计算等，并积极探索它们在数字文化产业中的应用。同时，还要推动技术与文化的深度融合创新，让数字文化产品不仅具有先进的技术支撑，还富含深厚的文化内涵和较高的附加值，从而满足消费者日益增长的精神文化需求。

2. 提升内容创新能力

内容是数字文化产业的灵魂，必须深入挖掘文化内涵，创作出具有深度和持久吸引力的数字文化产品。从传统文化中汲取灵感，同时结合现代审美和市场需求，打造出既具有文化底蕴又符合时代潮流的优质内容。此外，还要加强对原创作品的扶持和保护力度，为创作者提供良好的创作环境和必要的法律保障，鼓励他们发挥想象力和创造力，为数字文化产业注入源源不断的创新活力。

3. 完善版权保护机制

版权是数字文化产业的核心资产，必须建立健全版权保护法律法规体系，加大对侵权盗版行为的打击力度。这包括完善版权登记制度、加强版权执法力度、提高侵权成本等措施，以形成对侵权盗版行为的有效遏制。同时，我们还要降低维权成本、提高维权效率，建立快速响应的版权保护机制，让创作者和企业的合法权益得到及时有效的维护。

4. 加强人才培养与引进

人才是数字文化产业发展的关键因素，必须建立完善的数字文化产业人才培养体系。这包括加强校企合作、产教融合,共同培养符合市场需求的高素质人才;同时,还要积极引进国内外优秀人才,为行业注入新鲜血液和活力。为了留住优秀人才,还要建立人才激励机制,提供具有竞争力的薪酬福利和职业发展机会,让人才在数字文化产业中找到归属感和成就感。

5. 优化市场环境与监管政策

良好的市场环境和监管政策是数字文化产业健康发展的保障,必须加强市场监管力度,打击恶性竞争、价格战等行为,维护市场秩序和公平竞争环境。同时,还要及时更新监管政策,适应产业发展需求,为数字文化产业提供有力的政策支持和引导。为了形成监管合力,还要建立跨部门协作机制,加强不同部门之间的沟通协调和信息共享,共同推动数字文化产业的繁荣发展。

第二节　数字文化产业的生态系统

数字文化产业的生态系统是一个复杂而动态的网络，它巧妙地融合了多个主体、环节和要素，共同推动数字文化产业的繁荣发展。

一、数字文化产业生态系统的定义与构成

（一）数字文化产业生态系统的定义

数字文化产业生态系统是一个以数字技术为核心驱动力，紧密围绕文化内容的创作、生产、传播、消费等关键环节，由众多利益相关主体共同参与、相互依存、共同发展的动态平衡系统。这个系统不仅深入涉及文化产业内部的各个环节，还广泛关联到技术、经济、社会等多个重要领域，形成了一个多元化、多层次的复杂网络。

（二）构成要素

数字文化产业生态系统的构成要素丰富多样，主要包括以下几个关键方面。

1. 技术要素

技术要素构成数字文化产业生态系统发展的核心基础。互联网、大数据、云计算、人工智能、区块链等前沿数字技术不断创新和应用，为数字文化产业的创新和发展提供了强有力的技术支撑。这些技术不仅提高了文化内容的创作和生产效率，还极大地丰富了文化产品的表现维度和传播矩阵。

2. 内容要素

内容要素是数字文化产业生态系统的核心资源。文学、音乐、影视、游戏、动漫、网络文化等多种形式的文化内容构成了数字文化产业的主要产品。这些文化内容不仅具有独特的艺术价值，还承载着丰富的文化内涵和社会意义，是数字文化产业发展的重要基础。

3. 主体要素

主体要素是数字文化产业生态系统中的关键参与者。政府、企业、创作者、消费者、投资者等多个利益相关主体在生态系统中扮演着不同的角色，发挥着各自的作用。政府通过制定相关政策和法规引导和规范产业的发展；企业负责文化内容的创作、生产和传播；创作者提供原创的文化内容；消费者是文化产品的最终用户；投资者则为产业的发展提供资金支持。

4. 环境要素

环境要素是数字文化产业生态系统发展的外部条件。政策环境、市场环境、社会文化环境等外部因素对数字文化产业生态系统的发展有着重要影响。政策环境包括政府制定的相关政策和法规，对产业的发展起引导和规范作用；市场环境包括市场需求、竞争状况等，对产业的发展起决定性作用；社会文化环境则包括社会文化背景、消费者偏好等，对产业的发展有着潜移默化的影响。

数字文化产业生态系统是多个要素相互依存、共同发展的复杂网络。在这个生态系统中，各个要素相互作用、相互影响，共同推动数字文化产业的繁荣发展。

二、数字文化产业生态系统的运行机制

（一）价值共创与利益共享机制

数字文化产业生态系统中的各个主体，通过价值共创和利益共享机制，形成了紧密的联系和互动。创作者作为文化内容的生产者，利用先进的数字技术，创作出高质量、具有吸引力的文化内容，为整个生态系统提供源源不断的创新动力。企业则扮演着平台运营和内容分发的关键角色，他们通过构建高效的平台，将创作者的文化内容推向市场，使其能够触达更广泛的受众，并实现商业价值的转化。消费者通过付费购买、点赞、分享等行为，为文化内容贡献自己的价值，进一步推动文化内容的传播和影响力的扩大。在这个过程中，创作者、企业和消费者共同创造了经济价值、社会价值和文化价值，形成了一个良性循环的生态系统。通过合理的利益分配机制，各方实现了利

益的共享,确保了生态系统的可持续发展。

(二) 技术驱动与创新引领机制

技术是数字文化产业生态系统发展的核心驱动力。前沿数字技术的不断涌现和应用,为文化内容的创新和生产方式的变革提供了坚实的技术支持。人工智能技术以其强大的数据处理和学习能力,为文化内容的智能创作和个性化推荐提供了可能,极大地提升了文化产品的质量和用户体验。区块链技术则为版权保护提供了创新解决方案,利用分布式账本和不可篡改的特性,有效地保障了创作者的权益。这些技术的应用不仅推动了文化产业的数字化转型,还开辟了文化产业的边界和可能性,为产业的创新发展提供了广阔的空间。

(三) 竞争与合作并存机制

在数字文化产业生态系统中,竞争与合作并存是常态。企业之间为了争夺市场份额和用户资源,往往会展开激烈的竞争。他们通过不断创新和优化自己的产品和服务,以吸引更多的用户和创作者。然而,在面对共同的市场挑战和推动产业发展时,企业之间也会开展广泛的合作和交流。这种合作可以体现在多个方面,如内容创作者与平台企业的合作推广、平台企业之间的资源共享和互利共赢等。通过竞争与合作并存的机制,数字文化产业生态系统中的各个主体既能够保持自身的活力和创新力,又能够共同应对市场的挑战和推动产业的发展。这种良性的竞争与合作关系为整个生态系统的繁荣和发展注入了强大的动力。

三、数字文化产业生态系统的关键特征

(一) 开放性

数字文化产业生态系统展现出高度的开放性,这一特性在多个维度上都有所体现。一是技术平台的开放性使得各种前沿的数字技术能够便捷地接入和应用,为文化产业的创新发展提供了广阔的技术基础。无论是云计算、大数据还是人工智能等先进技术，都可以在这个开放的平台上找到应用的空间，推动文化产业向数字化、智能化方向转型。二是内容资源的开放性鼓励各种文化内容的自由创作和传播，使得优秀的文化作品能够迅速触达广大受众，促进文化的多样性和繁荣。三是市场准入的开放性为新的企业和创业者提供了轻松的市场进入通道，使他们有机会在这个充满活力的竞争环境中展示自己的创新能力和商业价值。这种全面的开放性无疑促进了数字文化产业生态系统的创新和繁荣，为产业的持续发展注入了强大的动力。

（二）动态性

数字文化产业生态系统是一个不断演变的动态系统，并随着技术的不断进步和市场需求的持续变化而不断调整和优化。在这个生态系统中，新的文化业态和商业模式不断涌现，为产业带来了新的增长点和活力。与此同时，旧有的业态和模式可能因为无法适应市场的变化而逐渐被淘汰或转型。这种动态性要求生态系统中的各个主体要具备敏锐的市场洞察力和快速的应变能力，以便及时捕捉市场机遇并灵活应对挑战。在这种动态的环境中，只有不断创新和适应变化的主体才能在竞争中立于不败之地，推动整个生态系统的持续发展和繁荣。

（三）协同性

数字文化产业生态系统的协同性是其又一显著特征。这种协同性体现在各个主体之间的紧密配合和协作上，他们共同推动产业的发展并实现自身的利益最大化。为了在竞争激烈的市场环境中取得成功，各个主体需要在技术研发、内容创作、市场推广等多个方面开展广泛的合作和交流。例如，平台企业可以与内容创作者携手合作，共同推广优质的文化内容；政府可以通过制定有利的政策和提供资金支持等方式为产业的发展提供有力的保障。这种协同性不仅促进了生态系统内部资源的优化配置和整体效益的提升，还为产业的持续发展和创新注入了强大的动力。在这种协同合作的氛围中，各个主体能够充分发挥自己的优势并实现互利共赢的局面，共同推动数字文化产业生态系统的发展和繁荣。

四、数字文化产业生态系统面临的挑战与对策

(一) 技术瓶颈与突破

数字文化产业生态系统在快速发展的过程中，面临一些技术瓶颈的制约。例如，人工智能技术在文化内容创作方面的应用，虽然取得了一定进展，但仍处于初级阶段，其创作质量和效率还有待提升。区块链技术在版权保护方面的应用也展现出巨大潜力，但在实际应用中仍面临一些难题，如数据隐私保护、交易效率等。为了突破这些技术瓶颈并推动产业的持续发展，需要加强技术研发和创新投入力度，不断探索新的技术路径和应用场景。同时，还需要加强产学研用合作，促进技术成果的转化和应用推广，形成技术创新与产业发展的良性循环。

(二) 内容创新与版权保护

内容创新是数字文化产业生态系统的核心，是推动产业持续发展的重要动力。然而，随着内容创作的繁荣，版权保护问题也日益凸显。为了加强内容创新和版权保护力度，可以采取以下措施：一是建立健全版权保护法律法规体系，明确版权归属和权益分配，加大对侵权盗版行为的打击力度，维护创作者的合法权益；二是建立快速响应的版权保护机制，降低维权成本，提高维权效率，为创作者提供及时有效的法律支持；三是加强原创作品的扶持和保护力度，鼓励创作者发挥想象力和创造力，推出更多优质原创作品，丰富数字文化产业的内容生态。

(三) 市场竞争与规范发展

随着数字文化产业生态系统的不断发展和壮大，市场竞争也日益激烈。为了规范市场秩序，促进产业的健康发展，可以采取以下措施：一是加强市场监管力度，打击恶性竞争、价格战等行为，维护市场秩序和公平竞争环境；二是及时更新监管政策，适应产业发展需求，推动产业规范有序发展，为市场主体提供清晰明确的政策导向；三是建立跨部门协作机制，形成监管合力，

共同维护市场的公平竞争环境,促进数字文化产业生态系统的良性运行和持续发展。通过这些措施的实施,我们可以有效规范市场竞争行为,推动数字文化产业生态系统的健康发展。

第三节 数字文化产业发展的驱动因素

一、数字文化产业发展的技术因素

（一）技术作为核心驱动力

数字文化产业的核心在于"数字"二字，这意味着技术是其发展的根本动力。随着信息技术的飞速发展，尤其是互联网、大数据、人工智能、区块链等前沿技术的不断突破和应用，数字文化产业正经历着深刻的变革。

1. 互联网技术的普及与应用

互联网技术的普及为数字文化产业的发展提供广阔的平台。通过互联网，文化内容可以跨越地域限制，迅速传播到世界各个角落。无论是网络文学、网络游戏还是网络视频，都依托互联网平台实现了大规模的用户覆盖和商业化运作。互联网平台还通过数据分析、用户画像等技术手段，为内容创作者提供精准的市场定位和营销策略，进一步推动文化内容的创新和发展。

2. 大数据技术的赋能

大数据技术为数字文化产业带来前所未有的机遇。通过对海量数据的收集、分析和挖掘，大数据技术可以帮助企业更好地理解用户需求和市场趋势，从而制订出更加精准的产品策略和市场布局。在数字文化产业中，大数据技术被广泛应用于内容推荐、广告投放、用户行为分析等领域，极大地提升了内容的传播效率和用户的满意度。

3. 人工智能技术的创新

人工智能技术正在深刻改变数字文化产业的生产方式和消费模式。在内容创作方面，人工智能技术可以通过自然语言处理、计算机视觉等技术手段，辅助创作者完成内容创作、编辑和审校等工作，提高创作效率和质量。人工智能技术还可以根据用户的兴趣和偏好，实现内容的个性化推荐和定制化服务，满足用户的多元化需求。此外，人工智能还在版权保护、内容审核等方面发挥着重要作用，为数字文化产业的发展提供有力保障。

4. 区块链技术的突破

区块链技术以其去中心化、不可篡改的特性，在数字文化产业中展现出巨大的应用潜力。在版权保护方面，区块链技术可以为数字作品提供唯一的身份标识和确权证明，有效防止侵权盗版行为的发生。区块链技术还可以实现版权交易的透明化和可追溯性，为版权持有者提供更加公平合理的收益分配机制。此外，区块链技术可以应用于数字藏品的发行和交易等领域，为数字文化产业带来新的增长点。

（二）技术驱动下的内容创新

技术不仅是数字文化产业发展的驱动力，更是内容创新的重要源泉。在技术的赋能下，数字文化产业的内容形态和表现形式不断丰富和拓展。

1. 数字化内容的兴起

数字化内容是数字文化产业的核心价值载体。通过数字化技术，传统的文化内容如书籍、音乐、电影等可以被转化为数字格式，便于存储、传播和分享。同时，数字化技术还催生了大量全新的内容形态，如网络文学、网络游戏、网络视频等。这些数字化内容以其独特的魅力和广泛的受众基础，成为数字文化产业的重要增长点。

2. 互动体验的提升

技术的发展使得数字文化产业的互动体验得到显著提升。虚拟现实（VR）、增强现实（AR）等技术的应用，为用户提供更加沉浸式的文化体验。用户可以通过佩戴 VR 设备或使用手机等智能终端设备，身临其境地参与到文化内容的创作和欣赏过程中。这种互动体验的提升不仅增强了用户的参与感和满足感，还促进了文化内容的传播和分享。

3. 个性化内容的定制

在大数据和人工智能技术的支持下，数字文化产业可以实现内容的个性化定制。通过分析用户的兴趣偏好、行为习惯等数据信息，企业为用户推送符合其个性化需求的内容产品和服务。这种个性化内容的定制不仅提高用户的满意度和忠诚度,还为企业带来更高的商业价值和市场竞争力。

(三) 技术融合与跨界发展

数字文化产业的发展不仅仅局限于某一领域或技术范畴之内,而是呈现出技术融合与跨界发展的趋势。这种趋势不仅丰富数字文化产业的内容形态和表现形式,还为其带来更加广阔的发展空间和商业机遇。

1. 技术融合推动产业升级

随着技术的不断发展和创新,不同领域的技术开始相互融合共同推动数字文化产业的升级和发展。例如互联网技术与传统媒体的融合催生了网络媒体这一新兴业态;大数据技术与人工智能技术的融合推动了数字内容创作和分发的智能化和个性化发展。这种技术融合不仅提高了文化内容的创作效率和质量。还拓展了文化产业的边界和可能性。

2. 跨界合作拓展商业空间

跨界合作是数字文化产业发展的重要途径之一。通过与其他领域的合作和联动,数字文化产业可以拓展更加广泛的商业空间和盈利模式。例如,数字文化产业可以与旅游业结合推出数字文化旅游产品;与教育行业结合开发数字文化教育产品等。这些跨界合作不仅为数字文化产业带来了新的增长点,还促进了相关产业的协同发展。

二、数字文化产业发展的需求因素

(一) 消费者需求:个性化与体验升级

随着互联网的普及和智能终端设备的广泛应用,消费者的文化消费习惯发生了深刻变化。他们不再满足于传统、单一的文化产品,而是追求更加个性化、多样化的文化体验。这种消费需求的转变化直接推动了数字文化产业的发展。

1. 个性化需求

在数字时代,消费者的个性化需求日益凸显。他们希望通过数字技术获取符合自己兴趣偏好的文化内容,享受定制化服务。数字文化产业通过大数据分析、人工智能推荐等技术手段,能够精准把握消费者需求,提供个性化的内容推荐和定制服务,满足消费者的多样化需求。

2. 体验升级需求

除了个性化需求外,消费者还追求更加沉浸式、互动式的文化体验。虚拟现实(VR)、增强现实(AR)等技术的应用,为消费者提供前所未有的文化体验。他们可以在虚拟世界中感受历史的厚重、探索未知的世界、参与互动的游戏,享受更加丰富的文化盛宴。

(二)市场需求:产业升级与跨界融合

市场需求是数字文化产业发展的重要动力。随着产业结构的升级和跨界融合的加速,数字文化产业的市场需求呈现出多元化、复杂化的特点。

1. 产业升级需求

传统产业在数字化转型的过程中,对数字文化内容和服务的需求日益增长。例如,传统制造业通过引入数字文化元素,提升产品的文化内涵和附加值;传统旅游业通过数字技术手段,打造智慧旅游景区,提升游客的旅游体验。这些产业升级需求为数字文化产业提供广阔的发展空间。

2. 跨界融合需求

数字文化产业与其他产业的跨界融合是市场需求的重要体现。例如,数字文化产业与金融、教育、医疗等领域的融合,催生了数字金融文化、数字教育文化、数字医疗文化等新兴业态。这些跨界融合不仅丰富了数字文化产业的内涵和外延,还为其带来了更加广阔的发展前景。

(三)社会需求:文化自信与文化传播

社会需求是数字文化产业发展的深层次动力。在全球化背景下,文化自信和文化传播成为社会需求的重要方面,也为数字文化产业提供了广阔的发展空间。

1. 文化自信需求

随着国家实力的增强和民族自豪感的提升，人们对本土文化的认同感和自豪感日益增强。数字文化产业通过数字化手段保护和传承中华优秀传统文化，推动社会主义先进文化的传播和发展，满足人们对文化自信的需求。

2. 文化传播需求

在全球化背景下，文化传播成为连接不同国家和地区人民的重要纽带。数字文化产业通过数字化手段，实现了文化的跨国界传播和交流，促进了不同文化之间的理解和尊重。这种文化传播需求不仅推动了数字文化产业的发展，还提升了国家的文化软实力和国际影响力。

三、数字文化产业发展的政策因素

（一）政策背景

1. 数字经济时代的到来

随着信息技术的飞速发展，数字经济已成为全球经济的重要组成部分。数字文化产业作为数字经济的重要分支，其发展直接关系到国家经济结构的优化升级和文化软实力的提升。因此，各国政府纷纷将数字文化产业纳入国家发展战略，通过政策引导和支持，推动其快速发展。

2. 文化强国建设的需要

文化是一个国家的灵魂和根基，文化强国建设是国家发展的重要目标。数字文化产业作为文化产业的重要组成部分，不仅承载着传承和弘扬优秀传统文化的重任，还具备创新创造、引领潮流的能力。政府通过政策扶持推动数字文化产业的发展，有助于提升国家文化软实力和国际影响力。

3. 消费升级与市场需求的变化

随着居民收入水平的提高和消费观念的转变，人们对文化产品和服务的需求日益多样化、个性化。数字文化产业以其独特的魅力和创新力，满足了消费者对高品质、多元化文化产品的需求。政府通过政策支持鼓励数字文化产业的创新发展，有助于满足市场需求，促进消费升级。

(二) 主要政策措施

1. 制定发展规划与战略

政府通过制定数字文化产业的发展规划和战略，明确发展目标、重点任务和保障措施。例如，我国发布了《"十四五"文化产业发展规划》，明确提出要顺应数字产业化和产业数字化发展趋势，推动数字文化产业高质量发展。这些规划和战略为数字文化产业的发展提供了清晰的路径和指引。

2. 加大财政资金投入

政府通过设立专项基金、提供财政补贴等方式，加大对数字文化产业的资金投入力度。这些资金主要用于支持数字文化企业的技术研发、内容创作、市场开拓等方面。例如，我国设立了国家文化产业发展专项资金，对符合条件的数字文化项目给予资金支持。

3. 优化营商环境

政府通过简化审批流程、降低市场准入门槛、加强知识产权保护等措施，优化数字文化产业的营商环境。这些措施有助于激发市场活力，促进数字文化企业的快速发展。例如，我国加强了对网络文学、网络游戏等数字文化产品的版权保护力度，打击侵权盗版行为，维护市场秩序和公平竞争环境。

4. 推动产业融合与创新

政府鼓励数字文化产业与其他产业的融合发展，推动产业创新升级。例如，推动数字文化产业与旅游业、制造业等行业的深度融合，打造数字文化旅游、智能制造等新型业态；支持数字文化企业加强技术研发和创新应用，推动产业向高端化、智能化方向发展。

5. 加强国际合作与交流

政府通过加强国际合作与交流，推动数字文化产业的国际化发展。例如，参与国际文化贸易规则制定、举办国际文化交流活动等，提升我国数字文化产业的国际影响力和竞争力。鼓励国内数字文化企业"走出去"，开拓国际市场，实现更高水平的发展。

(三) 政策效果

1. 促进产业规模扩张

在政策支持下,数字文化产业规模持续扩张。近年来,我国数字文化产业保持快速增长态势,成为文化产业发展的重要增长点。一批具有影响力的数字文化企业迅速崛起,为行业注入了新的活力。

2. 提升产业创新能力

政策扶持激发了数字文化产业的创新活力。企业加大研发投入,推动技术创新和内容创新,不断推出具有自主知识产权和核心竞争力的数字文化产品和服务。这些创新成果不仅满足了市场需求,还提升了我国数字文化产业的国际竞争力。

3. 推动产业融合发展

政策引导促进了数字文化产业与其他产业的融合发展。通过跨界合作和资源共享,数字文化产业与旅游业、制造业等行业实现了深度融合,催生了一批新型业态和商业模式。这些融合发展成果不仅丰富了数字文化产业的内涵和外延,还推动了相关产业的转型升级和高质量发展。

4. 增强文化自信与国际影响力

政策支持有助于增强文化自信和国际影响力。通过加强优秀传统文化的数字化保护和传承,推动数字文化产品的国际传播和交流,我国数字文化产业在弘扬中华优秀传统文化、提升国家文化软实力方面发挥了积极作用。同时,我国数字文化企业在国际市场上的表现也日益突出,为中国文化走向世界提供了有力支撑。

四、数字文化产业发展的资本因素

(一) 资本投入与融资环境

1. 资本投入规模扩大

随着数字文化产业市场的不断扩大和盈利模式的日益成熟,风险投资、私募股权基金还有上市公司,都将数字文化产业视为具有高增长潜力的投资方向。资本的大量投入不仅为数字文化企业提供了必要的资金支持，还促进了企业的技术创新、内容创作和市场拓展。

2. 融资环境复杂多变

一方面，随着政策环境的不断优化和资本市场的日益成熟，数字文化企业的融资渠道不断拓宽，融资成本逐渐降低；另一方面，受全球经济波动、政策调整和市场竞争等因素的影响，融资难度和风险也在不断增加。因此，数字文化企业需要密切关注市场动态和政策变化，灵活调整融资策略，确保资金链的稳定和安全。

（二）投资趋势与热点领域

1. 投资趋势多元化

随着数字文化产业的不断发展，投资趋势呈现出多元化的特点。投资者不仅关注传统的数字动漫、数字游戏、数字音乐等领域，还开始将目光投向数字阅读、数字出版、数字教育等新兴领域。这些新兴领域以其独特的魅力和广阔的市场前景吸引了大量资本的关注。

2. 热点领域集中涌现

在多元化的投资趋势中，一些热点领域集中涌现，成为资本竞相追逐的目标。例如，随着5G、大数据、人工智能等技术的不断成熟和应用，基于这些技术的数字文化产品和服务迅速崛起，成为市场热点。同时，随着消费者对高品质、个性化文化需求的不断增加，一些具有创新性和差异化竞争优势的数字文化企业也备受资本青睐。

（三）资本回报与盈利模式

1. 资本回报显著提升

数字文化产业的高增长性和盈利潜力使得资本回报显著提升。随着企业规模的扩大和市场份额的提升，数字文化企业的盈利能力不断增强，为投资者带来了可观的回报。一些成功的数字文化企业还通过上市、并购等方式实现资本增值和退出，为投资者提供了更多的退出渠道和回报机会。

2. 盈利模式不断创新

为了应对市场竞争，满足消费者需求的变化，数字文化企业不断创新盈利模式。除了传统的广告收入、版权收入等模式外，还探索出会员付费、虚拟商品销售、IP授权等多种盈利模式。这些创新盈利模式不仅拓宽了企业的收入来源，还提高了企业的盈利能力和市场竞争力。

第二章 数字文化产业发展现状

第一节 数字文化产业全球发展概况

一、国际市场规模与增长趋势

(一)国际市场规模

数字文化产业在全球范围内已经形成了庞大的市场规模,并且随着技术的不断进步和消费者需求的日益增长,这一规模仍在持续扩大。具体来说,数字文化产业涵盖动漫、游戏、影视、音乐、艺术等多个领域,这些领域在数字技术的推动下,市场规模逐年攀升。

根据行业报告和市场分析,全球数字文化市场近年来保持高速增长态势,显示了该市场的强劲增长动力。

(二)增长趋势

1. 技术创新驱动增长

数字文化产业的增长趋势首先得益于技术的不断创新。随着5G、大数据、人工智能、虚拟现实(VR)、增强现实(AR)等新兴技术的不断成熟和应用,数字文化产品和服务的质量和体验不断提升,吸引了更多消费者的关注和喜爱。这些技术不仅丰富了数字文化产品的表现形式,还拓宽了其应用场景和市场空间。

2. 市场需求多样化

消费者对数字文化产品和服务的需求日益多样化，也是推动市场增长的重要因素。随着互联网的普及和数字化生活方式的形成，人们对个性化、高质量的数字文化内容的需求不断增加。这促使数字文化企业不断创新，提供更多元化、更贴近消费者需求的产品和服务。

3. 跨界融合与产业链延伸

数字文化产业与其他产业的跨界融合愈发显著，这进一步推动了市场的增长。例如，数字文化产业与旅游、教育、体育等产业的深度融合，不仅丰富了数字文化产业的内涵与外延，还拓展了其市场空间和盈利模式。此外，数字文化产业内部也在持续延伸产业链，形成更加完整和高效的产业生态体系。

4. 政策支持与国际合作

各国政府对数字文化产业的支持力度不断加大，通过出台一系列政策措施鼓励产业发展。这些政策包括财政补贴、税收优惠、人才引进等，为数字文化企业提供良好的发展环境和条件。同时，国际合作与交流在数字文化产业中也越来越频繁，各国政府和企业通过举办国际文化节、展览、论坛等活动加强交流与合作，共同推动全球数字文化产业的发展与繁荣。

二、全球数字文化产业竞争格局

全球数字文化产业竞争涉及众多国家和企业，它们在不同领域和细分市场中展开激烈角逐。美国、中国、日本、韩国等国家在该领域优势显著，拥有众多全球知名的数字文化企业和平台。这些企业通过技术创新、内容创新和市场拓展等手段不断提升自身竞争力，争夺全球市场份额。

（一）主要参与国家与地区

1. 美国

作为全球科技创新的领头羊，美国在数字文化产业中占据重要地位。其在虚拟现实（VR）、增强现实（AR）、人工智能（AI）等前沿技术领域具有深厚积累，为数字文化产品的创作、生产和传播提供了强大技术支持。

美国拥有 Netflix、Disney+、Spotify 等众多全球知名的数字文化企业和平台,这些企业在全球范围内拥有庞大的用户群体和强大的市场影响力。

2. 中国

近年来,中国数字文化产业保持高速增长态势,市场规模不断扩大。政府高度重视该产业的发展,出台了一系列政策措施来支持其创新和发展。

中国数字文化产业涵盖动漫、游戏、影视、音乐等多个领域,内容丰富多样。腾讯视频、爱奇艺、哔哩哔哩等本土数字文化平台迅速崛起,成为用户获取数字文化内容的重要渠道。

3. 日本与韩国

日本以动漫和游戏产业闻名,拥有众多全球知名的动漫 IP 和游戏作品;韩国则以 K-pop 音乐产业和游戏产业著称,其独特的音乐风格和游戏设计吸引了大量国际粉丝。

两国都具有较强的文化输出能力,通过跨国合作和海外推广将本国文化产品和服务推向全球市场。

(二) 企业竞争实力

1. 巨头企业竞争

全球数字文化产业中,巨头企业之间的竞争尤为激烈。这些企业凭借强大的技术实力、丰富的内容资源和完善的分发渠道在全球范围内展开竞争。通过不断创新和提升用户体验巩固市场地位并拓展新的市场领域。

2. 新兴企业崛起

除了传统巨头企业外,新兴企业也在全球数字文化产业中崭露头角。这些企业通常专注于某一特定领域或细分市场,通过技术创新和差异化竞争策略挑战传统巨头的地位。它们的发展为全球数字文化产业注入了新的活力和创新动力。

(三) 技术创新与驱动

1. 技术创新重要性

技术创新是推动全球数字文化产业发展的重要动力。随着 5G、大数据、云计算、AI 等技术的不断发展和应用,数字文化产品的创作、生产和传播方式正在发生深刻变革。这些技术的应用不仅提升了数字文化产品的质量和体验,还拓宽了其应用场景和市场空间。

2. 技术创新趋势

随着技术的不断进步和应用场景的不断拓展,全球数字文化产业将迎来更多的技术创新。例如,虚拟现实(VR)、增强现实(AR)等技术将进一步丰富用户的沉浸式体验;人工智能(AI)技术将更深入地应用于内容创作、分发和推广等环节;区块链技术则有望为数字文化产品的版权保护和交易提供更加安全和高效的解决方案。

(四)市场分布与消费趋势

1. 市场分布多元化

全球数字文化产业市场分布呈现出多元化的特点。不同地区的市场需求和文化背景不同,导致数字文化产品的消费偏好也存在差异。因此,企业在布局全球市场时需要根据当地市场特点进行针对性开发和推广。

2. 消费趋势个性化

随着消费者对个性化、高质量数字文化内容需求的不断增加,市场将更加注重内容的创新性和用户体验的提升。消费者不再满足于传统的、单一的文化产品形式和内容,而是更加追求个性化、定制化的文化产品和服务。这将促使企业在内容创作、分发和推广等方面不断创新和升级,以满足消费者的需求。

第二节　我国数字文化产业发展现状

一、我国数字文化产业市场概况

（一）市场规模

近年来，我国数字文化产业规模持续扩大，成为推动文化产业发展的重要力量。根据中研普华产业研究院发布的《2024—2029年中国数字文化产业市场深度分析及未来发展趋势预测研究报告》，我国数字文化产业营业收入在逐年增长。

2021年：中国数字文化产业营业收入为39623亿元，显示出数字文化产业的快速发展势头。

2022年：营业收入增长至43860亿元，同比增长率显著，体现了市场的强劲增长。

2023年：营业收入进一步攀升至约48684亿元，显示出数字文化产业在我国经济中的重要地位。这一数字不仅反映了市场规模的扩大，也体现了数字文化产业在推动经济发展中的积极作用。

此外，报告还预测了未来几年的增长趋势。预计未来几年（2024—2029年），我国数字文化产业将继续保持高速增长，年均复合增长率预计约为11%。到2029年，市场规模有望达到近97万亿元，显示出数字文化产业巨大的发展潜力和广阔的市场前景。

（二）市场特点与趋势

我国数字文化产业市场呈现出以下几个特点和趋势。

跨界融合：数字文化产业正与其他产业进行更加紧密的融合创新形成新的业态和商业模式。例如与旅游、教育、娱乐等产业的深度融合为数字文化市场注入了更多元化的成长动力。

个性化与定制化：随着消费者对个性化内容需求的增加数字文化产品将

更加注重个性化和定制化以满足不同消费者的需求。

全球化发展：随着全球化的加速和互联网的普及我国数字文化企业将积极拓展海外市场参与国际竞争与合作以扩大市场份额和提升国际影响力。

我国数字文化产业市场规模持续扩大，展现出强劲的发展态势和广阔的市场前景。随着技术的不断进步和市场需求的持续增长，数字文化产业将继续保持快速发展的态势，为推动我国文化产业的高质量发展做出更大贡献。

二、我国数字文化产业的产业结构和主要涉及领域

（一）产业结构

数字文化产业的结构可以分为上游、中游和下游三个环节，每个环节都承载着不同的功能和角色。

1. 上游环节

数字文化内容创作占据核心地位。这包括原创性的文学、音乐、影视、游戏等作品的创作，以及各类数字化文化遗产的保护与数字化转化。这些内容创作者通过创作高质量的数字文化产品，为整个产业链提供了源源不断的素材和灵感。

2. 中游环节

数字文化产品的制作、加工及技术支持涉及多个环节与领域。这包括数字内容的编辑、设计、制作、特效处理等环节，以及为这些环节提供技术支持的软件开发、硬件制造、网络服务等。这些企业和机构利用先进的技术和工具，将上游的原创内容转化为具有吸引力的数字文化产品。

3. 下游环节

涵盖数字文化产品的分发、销售和消费。这包括各类数字文化平台、在线媒体、社交媒体等，它们通过提供便捷的分发渠道和丰富的消费体验，将数字文化产品传递给最终用户。这些平台还通过数据分析、用户反馈等方式，

为上游和中游环节提供市场信息和改进建议，推动整个产业链的持续优化和升级。

（二）主要领域

数字文化产业涵盖多个主要领域，每个领域都有其独特的发展特点和市场潜力。

1. 数字动漫

随着技术的进步和市场的扩大，数字动漫产业在我国取得了显著发展。原创动漫作品不断涌现，国内外动漫 IP 的引进和合作也促进了市场的繁荣。

2. 数字游戏

游戏产业是数字文化产业中的重要组成部分。从端游、页游到手游、云游戏，游戏类型和平台丰富多样。国内游戏企业凭借强大的研发能力和丰富的市场经验，在全球市场上占据了一席之地。

3. 数字音乐

随着在线音乐平台的兴起和版权保护意识的增强，数字音乐产业迎来了快速发展期。用户可以通过各种设备随时随地享受高品质的音乐服务。

4. 数字视频

包括网络剧、微电影、短视频等多种形式。随着视频制作技术的普及和互联网传播渠道的拓宽，数字视频产业正逐渐成为人们获取信息和娱乐的重要方式。

5. 数字出版

随着电子书、有声书等数字出版物的普及，传统出版业正逐步向数字化转型。数字出版不仅丰富了出版物的形式和内容，还提高了传播效率和用户体验。

6. 网络文学

作为数字文化产业中的新兴领域，网络文学以其独特的创作方式和广泛的受众群体吸引了大量关注。优秀的网络文学作品不仅在国内市场上受到追捧，还逐渐被翻译成多种语言走向世界。

数字文化产业还涵盖了数字教育、数字表演、数字艺术展示等多个领域。这些领域通过数字技术的赋能和创新发展不断拓展新的应用场景和市场空间。

三、文化产业政策环境与支持力度

我国数字文化产业政策环境与支持力度在近年来得到了显著加强，为数字文化产业的快速发展提供了有力保障。

（一）政策环境

1. 国家战略引导

党的二十大报告明确提出"实施国家文化数字化战略"，为数字文化产业的发展指明了方向。这一战略的实施不仅体现了国家对数字文化产业的高度重视，也为其提供明确的政策导向。

2. 政策体系完善

政府不断出台和完善相关政策措施，以支持数字文化产业的发展。这些政策涵盖资金扶持、税收优惠、技术创新、知识产权保护等多个方面，为数字文化企业提供了全方位的政策支持。

3. 跨界融合推动

政策鼓励数字文化产业与其他相关产业的跨界融合，如与制造业、旅游业、教育业等的融合创新。这种跨界融合不仅有助于拓展数字文化产业的应用场景和市场空间，还有助于推动其他相关产业的转型升级。

（二）支持力度

1. 资金扶持

政府通过设立专项基金、提供财政资金补贴等方式，加大对数字文化产业的资金扶持力度。这些资金用于支持数字文化企业的技术创新、内容创作、市场推广等关键环节，有效降低企业的运营成本和市场风险。

2. 税收优惠

为减轻数字文化企业的税收负担,政府出台了一系列税收优惠政策。这些政策包括降低企业所得税税率、减免增值税等,有效提升了企业的盈利能力和市场竞争力。

3. 技术创新支持

政府鼓励数字文化企业加大研发投入,提升技术创新能力。通过设立研发补贴、提供技术支持等方式,政府帮助企业解决技术难题,推动数字文化产业的技术创新和产业升级。

4. 知识产权保护

知识产权是数字文化产业创新发展的关键环节。政府加强对数字文化企业知识产权保护的指导和服务,建立长效保护机制,并加大对侵权行为的打击力度。这有效保护了创作者的权益,激发了企业的创新活力。

5. 人才培养与引进

政府加大对数字文化产业人才培养的支持力度,通过建设人才培养基地、组织高级培训班等方式,提高从业人员的专业素养和创新能力。同时,政府还积极引进海外高层次人才,为数字文化产业的发展注入新的活力。

(三)具体案例与成效

全国文化大数据交易中心成立:2022年8月,全国文化大数据交易中心成立,从实践层面助推文化数字化成果转化。这一举措为数字文化产业的资源优化配置和共享提供了重要平台。

元宇宙等新兴业态发展:随着元宇宙等新兴业态的兴起,政府出台了一系列政策鼓励企业布局元宇宙领域。例如,上海、广州等地纷纷发布元宇宙产业发展行动计划,为企业提供了广阔的发展空间和市场机遇。

四、技术创新与应用情况

(一) 技术创新现状

1. 关键技术突破

在数字文化产业中,人工智能、大数据、云计算、区块链等关键技术得到了广泛应用和突破。这些技术为数字文化产品的创作、生产、传播和服务提供了强大的支撑。

例如,人工智能技术在内容创作、智能推荐、用户画像等方面发挥着重要作用;大数据技术用于分析用户行为、挖掘市场趋势等;云计算技术提供了高效、灵活的计算资源和服务;区块链技术则保障了数字文化产品的版权和交易安全。

2. 新兴技术融合

随着技术的不断进步,新兴技术如虚拟现实(VR)、增强现实(AR)、混合现实(MR)等也开始与数字文化产业深度融合。这些技术为用户提供更加沉浸式的文化体验,推动了数字文化产业的创新发展。

3. 自主创新能力提升

我国数字文化企业在技术创新方面取得显著成果,自主创新能力不断提升。许多企业加大研发投入,建立了完善的研发体系和创新机制,推动了关键技术的自主研发和应用。

(二) 技术应用情况

1. 内容创作与生产

数字技术在内容创作与生产环节发挥着重要作用。例如,利用人工智能技术进行智能写作、智能编曲等创作活动;利用数字技术进行高清视频制作、3D动画制作等生产活动。这些技术的应用不仅提高了创作效率和质量,还丰富了文化产品的表现形式和内涵。

2. 传播与服务

数字文化产业在传播与服务环节也广泛应用了数字技术。例如,通过社交媒体、在线视频平台等渠道进行文化产品的传播和推广；利用大数据分析用户需求和行为习惯，提供个性化的推荐和服务；利用区块链技术保障数字文化产品的版权和交易安全等。

3. 新兴业态发展

数字技术的不断创新和应用也催生了数字文化产业的新兴业态。例如，元宇宙、数字藏品等新兴业态的兴起为数字文化产业的发展注入了新的活力。这些新兴业态不仅丰富了文化产品的种类和形式，还拓展了数字文化产业的市场空间和发展潜力。

（三）具体案例与成效

数字文化装备与展示：全息投影、裸眼 3D 等数字文化装备在博物馆、展览馆等场所得到广泛应用，为观众提供更加生动、直观的文化体验。这些技术的应用不仅提升了展览的吸引力和互动性，还推动了文化遗产的数字化保护和传承。

数字文化创意产业：以动漫、游戏、网络文学等为代表的数字文化创意产业蓬勃发展。这些产业通过数字技术的赋能和创新发展，不仅满足了人民日益增长的精神文化需求，还推动了相关产业链的延伸和拓展。

（四）未来展望

随着技术的不断进步和应用场景的不断拓展，我国数字文化产业的技术创新与应用前景将更加广阔。我国数字文化产业将在以下几个方面取得更大进展。

1. 技术融合创新

不同技术的融合创新将推动数字文化产业的进一步升级和发展。例如，人工智能与大数据、区块链等技术的结合将为文化产品的创作、生产、传播和服务提供更加智能化的解决方案。

2. 新兴业态涌现

随着技术的不断创新和应用场景的不断拓展，新的数字文化业态将不断涌现。这些新兴业态将为数字文化产业的发展注入新的动力和活力。

3. 国际化进程加速

随着全球化的推进和国际交流的加强，我国数字文化产业将更加注重国际化发展。通过参与国际竞争与合作，提升我国数字文化产业的国际影响力和竞争力。

第三节　数字文化产业细分领域发展现状

一、数字动漫产业发展现状与趋势

数字动漫产业作为文化产业与数字技术深度融合的产物，近年来在我国取得了显著的发展成就，并展现出广阔的市场前景和发展潜力。

（一）数字动漫产业发展现状

1. 市场规模持续扩大

近年来，中国数字动漫产业规模持续增长，成为文化产业中的重要组成部分。据智研咨询发布的数据，2023年，中国动漫产业规模已达到2525亿元，同比增长显著。这一增长趋势不仅反映了市场对动漫作品的强烈需求，也体现了数字动漫产业在国民经济中的重要地位。随着泛二次元用户规模的不断扩大和付费能力的提升，数字动漫市场的消费潜力将进一步释放。

2. 产业链不断完善

数字动漫产业涵盖内容创作、制作、发行和衍生品开发等多个环节，形成了较为完整的产业生态。上游内容创作环节包括漫画作者、动画工作室等，他们负责创作优秀的动漫作品；中游内容传播环节包括在线视频平台和电视台等，他们通过多渠道、多平台的方式将动漫作品传播给广大观众；下游衍生变现环节包括实物衍生品开发及销售、泛娱乐内容开发和运营等，通过开发动漫衍生品、举办动漫展览等方式实现商业变现。产业链的完善不仅促进了各环节之间的协同发展，也为整个产业带来更多的商业机会和增长点。

3. 技术与产能提升

随着数字化、网络化、智能化等技术的快速发展，动漫制作技术不断更新换代。传统手绘动画逐渐被数字化制作所取代，3D动画、VR/AR等新技术也为动漫创作带来了更多可能性。这些技术的应用不仅提高了动漫作品的质量，还降低了制作成本，提高了产能。国内动画制作公司也加强了与国际先进制作团队的合作与交流，不断引进和学习国际先进的制作技术和经验，提升自身的制作水平和竞争力。

4. 市场需求旺盛

随着国内消费水平的提升以及观众对动漫文化的认可度不断提高，动漫市场需求更加旺盛。泛二次元用户规模不断扩大，他们是动漫作品的主要消费群体，也是推动数字动漫产业发展的重要力量。这些用户对动漫作品的品质、题材、风格等方面有着多样化的需求，促使动漫企业不断创新和突破，以满足市场的多元化需求。

5. 政策支持力度加大

国家对动漫产业的支持力度不断加大，出台了一系列扶持政策。这些政策包括专项资金扶持、知识产权保护、人才培养等方面，为数字动漫产业的发展提供了有力保障。例如，《"十四五"文化产业发展规划》明确提出，要推动动漫产业高质量发展，加强动漫品牌建设和国际传播等。这些政策的实施不仅促进了动漫产业的快速发展，也提升了中国动漫产业的国际竞争力和影响力。

（二）数字动漫产业发展趋势

1. 技术创新引领发展

技术创新是数字动漫产业发展的重要驱动力。随着人工智能、大数据、云计算等技术的不断应用，动漫制作将更加智能化、高效化。例如，人工智能技术可以应用于动漫角色的动作捕捉、表情模拟等方面，提高角色的真实感和表现力；大数据技术可以用于分析用户行为、挖掘市场趋势等，为企业决策提供有力支持。虚拟现实、增强现实等新技术也将为动漫作品带来更加沉浸式的体验，满足观众对高品质动漫作品的追求。

2. 内容创新成为核心竞争力

在市场竞争日益激烈的背景下，内容创新将成为数字动漫产业的核心竞争力。企业需要不断挖掘新的题材、塑造新的角色、讲述新的故事，以吸引更多观众的关注和喜爱。注重文化内涵的挖掘和传承是重要的创作方向,将中华优秀传统文化与现代动漫元素相结合,创作出具有民族特色和文化底蕴的动漫作品,不仅能够满足国内观众的需求,也有助于提升中国动漫产业的国际影响力。

3. 多平台融合传播

随着移动互联网的普及和社交媒体的兴起,多平台融合传播将成为数字动漫产业的重要趋势。企业需要通过多种渠道和平台将动漫作品广泛传播给受众群体。例如,在线视频平台、社交媒体、短视频平台等都是重要的传播渠道。通过跨平台合作和资源共享,企业可以扩大作品的传播范围,提高作品的曝光度。加强与其他产业的跨界合作也是重要的发展方向。例如,与游戏、电影、音乐等产业的合作可以拓展动漫作品的应用场景和市场空间。

4. 国际化发展加速

随着全球化的深入推进和国际交流的加强,数字动漫产业的国际化发展将显著加速。企业需要积极参与国际竞争与合作,引进国外优秀作品和先进技术,推动中国动漫作品走向世界舞台。加强国际文化交流与合作也是提升中国动漫产业国际影响力的重要途径,通过举办国际动漫节、参加国际动漫展览等方式,加强与国外动漫企业和机构的交流与合作,共同推动全球动漫产业的繁荣发展。

5. 产业链协同发展

数字动漫产业的发展将更加注重产业链的协同发展。各环节之间需要加强合作与沟通,形成协同效应和优势互补。例如,上游内容创作环节需要与中游内容传播环节紧密合作,确保优秀作品的及时传播和推广;下游衍生变现环节则需要依托上游和中游环节的优质资源,开发出具有市场竞争力的衍生品和泛娱乐内容。通过产业链的协同发展,可以实现资源的优化配置和效益的最大化,提升整个产业的竞争力和影响力。

二、数字游戏产业发展现状与趋势

（一）数字游戏产业发展现状

1. 市场规模持续扩大

数字游戏产业在全球范围内呈现快速增长的态势，市场规模不断扩大。根据最新数据，全球线上游戏市场规模已超过1000亿美元，预计未来几年内将继续保持增长态势。在中国市场，数字游戏产业同样表现出强劲的增长动力。据中研普华产业院研究报告显示，2024年，中国游戏市场实际销售收入预计将达到3246.44亿元，同比增长13.95%。这一增长趋势不仅反映了市场对数字游戏产品的强烈需求，也体现了数字游戏产业在国民经济中的重要地位。

2. 用户规模持续增长

随着互联网的普及和移动设备的广泛应用，数字游戏用户规模持续增长。据统计，2024年中国网络游戏用户规模已达到7.32亿人，同比增长11.2%。年轻人是数字游戏市场的主要用户群体，他们对新鲜的游戏内容和社交互动有着较高的需求。同时，随着中年和老年用户群体数量的增加，数字游戏市场的用户结构也在逐渐多样化。这种用户规模的持续增长为数字游戏产业提供了广阔的发展空间和市场潜力。

3. 技术创新与融合

技术创新是数字游戏产业发展的重要驱动力。随着人工智能、大数据、云计算、区块链、5G通信、VR、AR等技术的不断发展，数字游戏产业正逐步实现技术创新与融合。这些技术的应用不仅提高了游戏画面的质量和流畅度，还增强了游戏的互动性和沉浸感。例如，人工智能技术可以应用于游戏角色的智能行为模拟和策略决策等方面；大数据技术可以帮助游戏企业分析用户行为和市场趋势，为游戏产品的开发和运营提供有力支持；VR/AR技术则为玩家提供了更加身临其境的游戏体验。

4. 游戏类型多样化

数字游戏类型日益多样化，满足了不同玩家的需求。从传统的角色扮演类、策略类游戏到如今的MOBA游戏、射击类游戏、音乐类游戏等，数字游戏市场涵盖多种类型和风格的游戏产品。这种多样化的游戏类型不仅丰富了玩家的选择空间，也促进了数字游戏产业的创新和发展。

5. 市场竞争激烈

随着市场规模的扩大和用户需求的多样化，数字游戏市场的竞争也日益激烈。国内外众多游戏企业纷纷加大研发投入和市场拓展力度，以争夺市场份额和用户资源。这种竞争态势不仅促进了游戏产品的创新和升级，也推动了整个产业的快速发展。

6. 政策支持力度加大

各国政府纷纷出台相关政策支持数字游戏产业的发展。例如，在中国，《"十四五"规划和2035年远景目标纲要》明确提出要加快文化产业结构性改革，壮大包括数字娱乐在内的文化产业。各级政府也相继出台了一系列扶持政策，包括专项资金扶持、减税降费等激励机制，以完善产业配套设施、刺激市场活力、拉动人才引进和完善科技支撑等。这些政策的实施为数字游戏产业提供了有力保障和广阔发展空间。

（二）数字游戏产业发展趋势

1. 技术创新将持续引领产业发展

技术创新是数字游戏产业发展的重要驱动力。随着人工智能、大数据、云计算等技术的不断发展和应用，数字游戏产业将实现更加智能化、高效化和个性化的发展。例如，人工智能技术将进一步提升游戏角色的智能行为模拟和策略决策能力；大数据技术将帮助游戏企业更精准地分析用户行为和市场趋势；云计算技术则将提高游戏产品的运行效率和稳定性。随着5G通信和VR/AR技术的普及和应用，数字游戏将实现更加流畅和沉浸式的游戏体验。

2. 云游戏将逐渐普及

云游戏通过云服务器传输游戏内容至玩家终端，无须高性能游戏主机或电脑即可享受高质量游戏体验。这种模式的出现不仅降低了玩家的硬件门槛，也为游戏开发商提供了更广阔的市场空间。随着技术的不断成熟和应用场景的不断拓展，云游戏将逐渐普及并成为数字游戏产业的重要组成部分。

3. 社交元素将进一步增强

游戏企业需要注重开发具有强大社交功能的游戏产品，让玩家可以在游戏中结识新朋友、组建团队、进行合作或竞争。这种社交元素的增强不仅提高了游戏的互动性和趣味性，也促进了玩家之间的交流和互动，形成了更加紧密的社区关系。

4. 可持续发展和环保意识将受到重视

游戏企业在开发和运营过程中，需要注重节能减排和资源循环利用，减少对环境的影响。同时游戏产品本身也可以融入环保理念和元素，引导玩家关注环保问题，并积极参与环保行动。这种可持续发展的理念和实践不仅有助于提升游戏企业的社会责任感和品牌形象，也有助于推动整个产业的绿色健康发展。

三、数字音乐产业发展现状与趋势

随着互联网技术的飞速发展，数字音乐产业作为现代文化产业的重要组成部分，正经历着前所未有的变革与增长。

（一）数字音乐产业发展现状

1. 市场规模持续扩大

近年来，数字音乐市场规模在全球范围内持续扩大。据中研普华产业研究院发布的数据，2022年，中国数字音乐市场总规模约为1554.90亿元，同比增长16.8%。虽然2023年增速有所放缓，但仍达到893.45亿元，同比增长5%，显示出稳步上升的趋势。国际方面，全球数字音乐市场也在持续增长，预计2024年将达到更高水平。这一增长趋势主要得益于互联网技术的普及、智能手机的广泛应用及用户对高品质音乐需求的不断增加。

2. 用户规模庞大且持续增长

以中国为例，2022年，网络音乐用户规模达到6.84亿，2023年进一步增长至7.26亿。预计2024年将达到7.4亿人，用户付费率也将达到27%。这表明，越来越多的用户开始接触并使用数字音乐服务，用户需求的多样化和个性化也为数字音乐平台提供了广阔的发展空间。

3. 市场竞争格局多元化

全球数字音乐市场上，Spotify、Apple Music、Amazon Music 等平台是主要的竞争者，其中 Spotify 占据全球市场份额的比例较大。在中国市场，腾讯音乐、网易云音乐、酷我音乐等是主要的数字音乐平台。腾讯音乐凭借旗下的 QQ 音乐、酷狗音乐等平台，占据了市场的较大份额；网易云音乐则以其独特的社交属性和个性化推荐受到用户的喜爱。此外，随着新玩家的不断加入，如字节跳动的汽水音乐等，市场竞争格局日益多元化。

4. 用户需求多样化

数字音乐用户的需求日益多样化，不仅包括在线听歌，还涉及网络 K 歌、线上演唱会、音乐短视频等多种形式。这要求数字音乐平台提供更加丰富多样的内容和服务，以满足用户需求。例如，音乐直播、虚拟演唱会等新形式逐渐成为数字音乐产业的重要组成部分，吸引了大量年轻用户的关注。

5. 技术创新推动行业发展

技术创新是推动数字音乐行业发展的重要动力。大数据和人工智能技术的应用使得数字音乐平台能够为用户提供更加个性化的推荐服务；5G 等新技术的发展则为数字音乐提供了更广阔的应用场景和发展空间。例如，通过智能算法的应用，数字音乐平台可以快速准确地为用户匹配其喜欢的音乐；虚拟现实和增强现实技术为用户提供了更加沉浸式的音乐体验。

6. 版权保护日益加强

版权保护是数字音乐行业发展的重要基础。随着国家反垄断政策的实施及市场监管总局对音乐平台版权的规范和持续监管，音乐版权竞争趋于柔和，独家版权逐渐结束。各大数字音乐平台纷纷加强版权合作与保护力度，吸引更多用户和音乐创作者加入平台生态。

（二）数字音乐产业发展趋势

1. 市场规模和用户规模将持续扩大

预计未来几年内，全球和中国数字音乐市场都将保持快速增长态势。而随着年轻用户占比的提升和付费意愿的增强，数字音乐市场的消费潜力将进一步被激发。

2. 技术创新将引领行业发展

技术创新将继续引领数字音乐行业的发展方向。随着人工智能、大数据、5G、虚拟现实和增强现实等技术的不断发展和应用,数字音乐平台将能够为用户提供更加个性化、智能化和沉浸式的音乐体验。这些技术也将推动音乐创作和制作方式的变革和创新。

3. 跨界合作将增多

跨界合作将成为数字音乐产业发展的重要趋势之一。数字音乐平台将与其他行业进行跨界合作以拓展业务范围和提高竞争力。例如,与影视、游戏、文旅等产业的合作将推动数字音乐与这些产业的深度融合和创新发展;与电商平台的合作将为数字音乐平台带来更多的商业机会和收入来源。

4. 付费用户比例将提高

随着版权意识的提高、用户付费意愿的增强及数字音乐平台提供的优质内容和服务不断增加和完善,付费用户比例将逐渐提高。这将为数字音乐平台带来更加稳定的收入来源和更加广阔的发展空间。

5. 版权保护将更加完善

随着数字音乐市场的不断发展、成熟及相关法律法规的不断完善,版权保护问题将得到更多重视。各大数字音乐平台将加强版权合作与保护力度,以维护良好的市场秩序和公平竞争环境;政府部门也将加强监管力度,打击侵权行为,保障音乐创作者和平台的合法权益。

6. 个性化服务将普及

个性化服务将成为数字音乐平台的重要发展方向之一。通过大数据和人工智能技术的应用,数字音乐平台能够更精准地了解用户需求并为其提供更加个性化的推荐和服务。这将提高用户的满意度和黏性,并推动数字音乐平台向更加智能化和人性化的方向发展。

四、数字阅读产业发展现状与趋势

作为新时代获取信息和知识的重要途径,数字阅读不仅改变了人们的阅读习惯,还促进了文化产业的多元化发展。

（一）数字阅读产业发展现状

1. 用户规模持续扩大

近年来，数字阅读用户规模在全球范围内迅速增长。据中研普华产业研究院发布的报告，中国数字阅读用户规模在2022年达到5.3亿，同比增长4.75%；而到了2023年，这一数字更是增长至5.70亿人，同比增长7.53%，占网民规模的比例首次超过50%。预计2024年，中国数字阅读用户规模将达到5.99亿人。用户规模的持续扩大，为数字阅读市场的繁荣发展奠定了坚实的基础。

2. 市场营收规模不断增长

随着用户规模的扩大，数字阅读市场营收规模也呈现出快速增长的态势。2022年，中国数字阅读市场总体营收规模达463.52亿元，同比增长11.5%；而到了2023年，这一数字增长至567.02亿元，同比增长22.33%。中商产业研究院分析师预测，2024年，中国数字阅读市场规模将达到671.19亿元。市场营收规模的不断增长，反映了数字阅读产业强大的发展潜力和市场需求。

3. 内容形式多样化

数字阅读的内容形式日益多样化，包括电子书、有声书、漫画、数字报刊等多种形式。这些数字化内容以其便捷性、互动性和丰富性，吸引了大量用户的关注。其中，有声阅读市场表现出色，2022年营收达到95.68亿元，占比20.64%。专业阅读市场虽然占比较小，但也在稳步增长，为数字阅读市场的多元化发展提供了有力补充。

4. 产业链不断完善

数字阅读产业链涵盖内容提供方、数字阅读平台、电子阅读渠道和读者用户等多个环节。在这个产业链中，作者负责提供丰富的内容，数字阅读企业负责构建阅读平台，为读者用户提供便捷的网络文学阅读服务。电子阅读渠道主要包括APP、网页、小程序等，这些渠道让读者能够随时随地访问和阅读数字内容。随着数字技术的发展，电子阅读渠道也在不断拓展和优化，以满足不同读者的需求。

5. 市场竞争激烈

随着数字阅读市场的不断扩大,越来越多的企业开始进入这个领域。目前,国内数字阅读市场的竞争非常激烈,各大企业都在努力提高自身竞争力,争夺市场份额。头部企业如掌阅科技、阅文集团、腾讯控股等凭借丰富的优质内容资源、先进的技术平台和庞大的用户群体,占据了市场的主导地位。

(二) 数字阅读产业发展趋势

1. 用户群体进一步扩大

数字阅读的用户群体正在持续扩大,不再局限于年轻人,还逐渐向"银发族"和青少年延伸。这表明数字阅读正在吸引更广泛的用户群体,无论是年轻人还是老年人,都能够在数字阅读中找到自己感兴趣的内容。随着数字技术的不断发展和普及,数字阅读的用户基础有望继续扩大。

2. 内容创新化

在数字阅读市场中,优质的内容是吸引用户的关键。数字阅读企业将更加注重内容创新和品质提升,以满足用户对于优质、独家和专业内容的需求。随着网络文学作家的不断增加和创作题材的不断丰富,数字阅读平台将提供更加多元化、个性化的内容选择。

3. 个性化推荐普及

个性化推荐算法在数字阅读领域的应用将更加广泛。通过大数据和人工智能技术,数字阅读平台能够更精准地了解用户需求,并为其提供更加个性化的推荐服务。这将提高用户的满意度和黏性,推动数字阅读市场向更加智能化和人性化的方向发展。

4. 跨媒体融合加速

数字阅读将与影视、游戏、动漫等其他媒体形式进行更加紧密的融合,形成跨媒体生态链。数字阅读企业将通过与其他媒体企业的合作,共同打造更加丰富和立体的内容,为用户提供更加全面的娱乐和知识体验。这种跨媒体融合将推动数字阅读市场的多元化发展。

5. 国际化发展

随着全球化和数字化进程的加速,数字阅读企业将寻求在全球范围内拓展市场和用户。通过引进国际优质内容和推广全球化阅读服务，数字阅读企业将不断提升自身国际影响力和竞争力。这将有助于推动中国数字阅读产业走向世界舞台中央。

第三章 数字文化产业创意与策划基础

第一节 文化产业创意概述

一、什么是创意

（一）创意的定义

创意，即创作出新颖独创的想法，是将想象力和创造力结合应用于解决问题或产生新的东西。它源于对现实存在事物的理解及认知，所衍生出的一种新的抽象思维和行为潜能。创意不仅是一个瞬间的灵感闪现，更是逻辑思维、形象思维、逆向思维、发散思维、系统思维等多种认知方式综合运用的结果。正如《现代汉语词典》所解释的那样，创意是指"有创造性的想法、构思等"。

（二）创意的特征

1. 新颖性

新颖性是创意最显著的特征之一。创意必须是前所未有的，或者是以新的方式重新组合现有元素，以产生独特的、与众不同的想法或解决方案。这种新颖性能够打破常规，挑战现有的观念或做法，为人们带来全新的视角和思考方式。

2. 独特性

创意的独特性在于其与众不同的品质。它不仅仅是对现有事物的简单模仿或复制,而且具有鲜明的个性和特色。这种独特性使得创意能够在众多想法中脱颖而出,引起人们的注意和兴趣。

3. 实用性

创意不仅是为了追求新奇而存在的,它必须具有实用性。一个好的创意必须能够解决实际问题或满足特定需求,具有明确的应用价值和现实意义。这种实用性使得创意能够在实践中得到应用和推广,产生实际的社会效益或经济效益。

4. 灵活性

创意是灵活的,它可以根据不同的环境和需求进行调整和改变。创意的产生往往是一个动态的过程,需要在实践中不断试错、修正和完善。这种灵活性使得创意能够适应不同的情境和挑战,保持其活力和生命力。

5. 跨界性

创意往往具有跨界性,它能够将不同领域的元素和思维方式进行融合和创新。通过跨界合作和交流,可以引入新的视角和想法,激发新的创意灵感。这种跨界性使得创意更加丰富多彩,具有更强的适应性和创新力。

6. 风险性

创意的产生和实施往往伴随着风险。因为创意是前所未有的,所以其成功与否往往是不确定的。但是,正是这种风险性使得创意具有更大的挑战性和吸引力。人们愿意冒险尝试新的想法和解决方案,以寻求更大的突破和创新。

7. 启发性

创意往往能够启发人们的思考与行动。一个好的创意能够激发人们的想象力和创造力,引导人们探索新的可能性和解决方案。这种启发性使得创意成为推动社会进步和发展的重要力量。

(三)创意的来源与产生方法

1. 个人内在因素

(1)直觉与灵感

直觉和灵感是创意产生的重要源泉。它们往往是在不经意间涌现的,可能受到潜意识中的知识、经验和情感的触动。例如，艺术家在创作过程中可能会突然获得某种灵感，从而创作出令人惊叹的作品。

（2）知识与经验

广泛的知识面和丰富的实践经验是创意产生的基础。个人通过不断学习和积累，将各种知识和经验内化于心，形成自己独特的认知框架和思维方式。当面对新问题时，这些知识和经验能够相互碰撞、融合，产生新的创意火花。

（3）个人特质与兴趣

个人的特质和兴趣也会影响创意的产生。具有好奇心、探索欲和冒险精神的人更容易产生创意。对某个领域或主题有浓厚兴趣的人也会更加关注该领域的动态和发展，从而更容易产生与该领域相关的创意。

2. 外部环境因素

（1）市场需求与社会趋势

市场需求和社会趋势是创意产生的重要驱动力。随着社会的不断发展和变化，人们对于新产品、新服务和新解决方案的需求也在不断增加。这些需求为创意提供了广阔的市场空间和应用前景。同时，社会趋势的变化也会带来新的机遇和挑战，激发人们产生新的创意和想法。

（2）技术与工具的发展

技术和工具的发展为创意的产生提供了有力支持。现代科技的不断进步使得人们能够以前所未有的方式表达自己的想法和创意。例如，数字艺术、虚拟现实等技术的发展使得艺术家能够以更加直观和生动的方式呈现自己的作品。各种创意工具和软件的出现也降低了创意产生的门槛，使得更多人能够参与到创意活动中来。

（3）文化交流与碰撞

文化交流与碰撞是创意产生的重要源泉之一。不同文化之间的交流和融合能够带来新的视角和思考方式，激发人们产生新的创意和想法。例如，东西方文化的交流使得艺术家能够借鉴彼此的艺术风格和表现手法，创作出具有独特魅力的作品。

3. 方法与技术

（1）头脑风暴法

头脑风暴法是一种常用的创意激发方法。它通过聚集一群人来共同讨论和解决问题，鼓励大家提出各种新颖的想法和建议。在头脑风暴过程中，人们可以打破常规思维束缚，自由发挥想象力，从而产生许多有价值的创意。

（2）焦点讨论法

焦点讨论法是一种针对特定问题进行深入讨论的方法。它要求参与者围绕一个中心议题展开讨论和交流，通过不断提问和回答深化对问题的理解和认识。这种方法有助于人们更加深入地挖掘问题的本质和内在联系，从而产生更加精准和有针对性的创意。

（3）走访调查法

走访调查法是一种通过实地考察和调研收集信息和资料的方法。它要求人们走出办公室和实验室等封闭环境，深入到现实生活中去观察和了解人们的真实需求和问题。通过走访调查法可以收集大量一手资料和真实反馈，为创意的产生提供有力支持。

（四）创意的价值

1. 推动社会进步与发展

促进技术创新：创意是技术创新的源泉。通过不断的创意尝试和实践，人们能够突破现有技术的局限，开发出更加先进、高效的技术产品，从而推动社会生产力的提升和进步。

引领文化潮流：创意在文化领域同样发挥着重要作用。艺术家、设计师等通过独特的创意表达，能够引领新的文化潮流和审美趋势，丰富人们的精神生活，推动文化的多样性。

改变生活方式：创意产品和服务能够改变人们的生活方式，提高生活品质。例如，智能家居、可穿戴设备等创新产品通过智能化的设计，为人们带来更加便捷、舒适的生活体验。

2. 提升个人与组织竞争力

增强品牌影响力：独特的创意能够帮助品牌在众多竞争者中脱颖而出，增强品牌的辨识度和影响力。通过创意广告、营销活动等方式，品牌能够吸引更多消费者的关注和喜爱，提升市场份额和竞争力。

提高工作效率与创新能力：在组织内部，创意能够激发员工的创新思维和积极性，提高工作效率和创新能力。通过鼓励员工提出新的想法和解决方案，组织能够不断优化流程、降低成本、提高产品质量和服务水平。

促进个人职业发展：具备创意能力的人才在职业市场上更具竞争力。他们能够以独特的视角和思维方式解决问题，提出创新的解决方案，为组织带来更大的价值。同时，创意能力也是个人职业发展的重要支撑，能够帮助个人在职业生涯中不断突破自我、实现更高的成就。

3. 激发市场需求与潜力

创造新的市场需求：创意产品和服务能够创造新的市场需求，满足消费者潜在的需求。通过深入了解消费者心理和行为特征，企业能够开发出符合市场需求的新产品和新服务，从而开辟新的市场空间和增长点。

挖掘市场潜力：创意还能够挖掘市场的潜在需求和发展机会。通过创新的营销策略和推广方式，企业能够吸引更多潜在消费者的关注和购买意愿，进一步拓展市场份额和提升销售业绩。

4. 提升用户体验与满意度

增强用户体验：创意产品和服务通常具有更加人性化、个性化的设计特点，能够更好地满足用户的个性化需求和体验。通过不断优化产品功能和用户体验设计，企业能够提升用户的满意度和忠诚度。

建立情感连接：创意广告、营销活动等能够通过独特的表现方式和情感共鸣点与用户建立情感连接。这种情感连接能够加深用户对品牌的认知和记忆度，提高品牌的亲和力和好感度。

二、创意与文化创意

（一）文化创意的定义

文化创意是以文化为元素，通过融合多元文化、整理相关学科、利用不同载体而构建的再造与创新的文化现象。它强调以人的创造力为核心，对文化资源进行深入挖掘、整合与提升，进而产生具有市场竞争力和高附加值的新产品、新服务或新体验。这些创新成果不仅丰富了文化的表现形式，还推动了文化产业的发展，实现了文化价值的经济转化和社会传播。简而言之，文化创意是文化与创新相结合的产物，旨在通过创新手段推动文化的传承、发展与应用。

（二）文化创意的内涵

1. 文化性

核心元素：文化创意以文化为核心元素，强调对文化资源的深度挖掘和有效利用。这些文化资源可能包括历史传统、民俗风情、文学艺术、科学技术等各个方面。

传承与发展：通过文化创意，可以将这些文化资源转化为具有现代感和吸引力的产品或服务，从而实现文化的传承与发展。这种传承不仅仅是形式上的模仿，更是对文化内涵的深入理解和再创造。

2. 创新性

核心动力：创新是文化创意的核心动力。它要求突破传统思维模式的束缚，运用新颖的设计理念、技术手段和商业模式，创造出具有独特性和差异性的产品或服务。

原创与改造：创新既包括原创性的内容创造，也包括对现有事物的改造和提升。例如，将传统文化元素与现代设计手法相结合，创造出既具有传统韵味又符合现代审美的新产品。

3. 融合性

跨学科整合：文化创意具有很强的融合性，它涉及文化、艺术、科技、经济等多个领域的知识和技能。通过跨学科的整合和协作，可以实现文化资源的最大化利用和创新成果的最大化输出。

多载体呈现：文化创意产品或服务可以通过多种载体呈现，如数字媒体、实体产品、文化体验等。这些载体不仅丰富了文化创意的表现形式，也拓宽了文化创意的传播渠道和市场空间。

4. 商业性

经济价值：文化创意不仅具有文化价值和社会价值，还具有显著的经济价值。通过对知识产权的开发和运用，可以将文化创意转化为具有市场竞争力的商品和服务，从而创造经济效益和就业机会。

产业链延伸：文化创意产业的发展还可以带动相关产业链的延伸和拓展，如设计、制造、销售、服务等各个环节的协同发展，形成完整的文化创意产业链。

（三）文化创意的重要性

1. 推动经济增长与产业升级

创造经济价值：文化创意产业是一个高附加价值、知识密集型的产业，通过创新手段将文化资源转化为具有市场竞争力的产品或服务，从而创造显著的经济效益。随着文化创意产业的不断发展，其已成为许多国家和地区经济增长的重要引擎。

促进产业升级：文化创意产业能够带动传统产业的转型升级，提升产品的文化内涵和附加值。例如，将文化创意融入旅游业，可以开发出具有地方特色的旅游产品，吸引更多游客，促进旅游业的繁荣发展。

2. 促进文化传承与创新

文化传承：文化创意是对传统文化资源的深度挖掘和再创造，通过新颖独特的表现形式和传播方式，使传统文化得到传承和发扬。这有助于保持文化的多样性和独特性，增强民族认同感和文化自信。

文化创新：文化创意强调创新在文化传承中的重要性，通过不断推陈出新，创造出符合时代精神和审美需求的新文化产品和服务。这种创新不仅丰富了文化的表现形式，也推动了文化的繁荣发展。

3. 提升国家软实力与国际影响力

软实力提升：文化创意产业是一个国家软实力的重要体现。通过发展文化创意产业，可以展示国家的文化魅力和创新能力，提升国家在国际舞台上的形象和地位。

国际交流：文化创意产品和服务具有跨越国界的特点，能够促进不同国家和地区之间的文化交流与合作。这有助于增进相互之间的了解和友谊，推动构建人类命运共同体。

4. 满足人民日益增长的精神文化需求

丰富精神生活：随着人们生活水平的提高，对精神文化生活的需求也日益增长。文化创意产品和服务以其新颖独特、富有文化内涵的特点,能够满足人们多样化的精神文化需求,提升人们的生活品质和幸福感。

促进人的全面发展:文化创意强调人的创造力和想象力的重要性,通过参与文化创意活动,可以激发人们的创造潜能和创新精神,促进人的全面发展。

5. 推动可持续发展

环保理念融入:文化创意产业在发展过程中注重环保理念的融入,通过推广绿色设计、环保材料等手段,降低产业对环境的负面影响。这有助于推动经济的可持续发展和生态文明建设。

促进社会和谐:文化创意产业强调文化多样性和包容性,通过促进不同文化之间的交流与合作,增进社会成员之间的理解和尊重,有助于维护社会稳定与和谐。

(四)创意与文化创意的关系

1. 创意是文化创意的基石

(1) 定义与内涵

创意是创造意识或创新意识的简称,它是对现实存在事物的理解及认知所衍生出的一种新的抽象思维和行为潜能。创意涉及逻辑思维、形象思维、逆向思维等多种认知方式的综合运用,强调突破常规、挑战传统,提出新颖独创的想法或解决方案。

文化创意是以文化为元素,通过融合多元文化、整理相关学科、利用不同载体而构建的再造与创新的文化现象。它强调在文化的基础上进行创造性转化和创新性发展,产生出具有市场竞争力和高附加值的新产品、新服务或新体验。

(2) 关系阐述

创意是文化创意的起点和核心。没有创意的激发和驱动,文化创意就无从谈起。文化创意是通过创意的手段和方法,对文化资源进行深度挖掘和再创造,赋予其新的生命力和价值。

2. 文化创意是创意在文化领域的具体实践

(1) 实践领域

文化创意将创意应用于文化领域,通过创新的思维方式和设计手段,对传统文化资源进行现代化、时尚化的改造和提升。这种实践不仅丰富了文化的表现形式和传播渠道,也推动了文化产业的创新和发展。

(2) 成果体现

文化创意的成果体现在多个方面,如文化产品、文化服务、文化体验等。这些成果不仅具有独特的文化内涵和艺术价值,也具有显著的经济价值和社会效益。它们能够满足人们多样化的精神文化需求,提升生活品质,同时也为文化产业的发展注入新的活力和动力。

3. 创意与文化创意相互促进、共同发展

(1) 相互依存

创意和文化创意是相互依存的。创意需要文化作为土壤和滋养,才能茁壮成长;而文化创意则需要创意作为驱动力和源泉,才能不断推陈出新。

(2) 协同发展

在现代社会中,创意与文化创意的协同发展已成为推动文化产业创新和发展的重要力量。随着科技的不断进步和全球化的深入发展,创意和文化创意的融合将更加紧密而深入,为文化产业的发展开辟更加广阔的空间和前景。

4. 案例说明

以 Airbnb 为例,该公司凭借其独到的创意和设计理念,成功开辟了一个全新的住宿服务市场。这一创新之举,正是创意在文化创意领域中的具体实践,展现了将独特想法转化为实际商业模式的巨大潜力。Airbnb 不仅是一个提供住宿的平台,而且通过精心策划和设计的住宿体验,满足了现代人对住宿的新颖性和个性化需求。从城市中的复古公寓到乡村里的静谧小屋,Airbnb 提供的多样化住宿选择,让旅行者能够体验与众不同的居住感受,从而丰富了他们的旅行经历。

同时,Airbnb 的成功也极大地推动了旅游业的创新和发展。它打破了传统酒店业的单一模式,为旅游业带来了新的活力和增长点。越来越多的旅行者选择通过 Airbnb 预订住宿，这不仅为房东带来了额外的收入，也为当地旅游业的发展注入新的动力。此外，Airbnb 还通过其平台上的用户评价和反馈系统，不断提升服务质量，为旅行者提供更加优质、便捷的住宿体验。

三、文化产业创意

（一）文化产业创意的概念

文化产业创意是从市场和产业视角出发，针对文化生产和文化服务进行的一种深层次的思维与观念革新。在全球化背景下，文化产业作为以创造力为核心的新兴产业，其创意不仅渗透于整个文化产业链，更是引领和推动文化产业发展的关键要素。

文化产业创意涉及范围广泛，包括文化产品设计，如具有独特性和创新性的文化艺术品、影视作品等；文化活动策划，如各类创意十足的文化节庆、展览、演出等活动的规划与执行；还包括文化项目开发，例如创新的文化旅游项目、文化创意产业园区等。

文化产业创意还深入到文化内容和服务的创新中。这意味着在传承传统文化的基础上，运用创新思维和手段，打造更具吸引力和市场竞争力的文化产品和服务，以满足市场和消费者的多元化需求。

文化产业创意还体现在文化生产活动和经营模式的创新上。这包括运用先进的技术手段和管理模式，提升文化生产的效率和质量；探索新的市场渠道和营销策略，以扩大文化产品和服务的市场份额和影响力。

（二）文化产业创意与创意产业之间的联系与区别

1. 联系

（1）核心驱动力相同

两者都强调创意作为产业发展的核心驱动力。文化产业创意通过创新思维和观念创新推动文化产品的设计、文化活动的构思等；而创意产业直接以人的创造力、技能和才华为核心，通过对知识产权的开发和生产，创造出经济效益和就业机会。

(2) 产业融合性

两者都具有高度的产业融合性。文化产业创意强调文化、经济、技术等要素的相互融合；创意产业则跨越多个行业和领域，如工业设计、建筑设计、软件开发等，这些领域都强调创意的融合与转化。

(3) 创新驱动发展

两者都依赖于创新驱动发展。无论是文化产业创意还是创意产业，都通过不断的创新推动产业的升级和转型，提升产品和服务的竞争力。

(4) 相互促进与共生

文化产业创意与创意产业之间存在相互促进的关系。文化产业创意为创意产业提供丰富的文化资源和灵感来源；而创意产业的发展也为文化产业提供更多的技术支持和市场渠道，推动文化产业的创新和发展。

2. 区别

(1) 定义与范围

文化产业创意：侧重于从市场和产业的角度，对文化生产和文化服务所进行的思维创新和观念创新。它贯穿于整个文化产业链条的始终，是推动文化产业发展的关键先导和主要动力。

创意产业：是一个更为广泛的概念，指依靠人的创造力、技能和才华，通过对知识产权的开发和生产，创造经济效益和就业机会的新型都市产业。它涵盖工业设计、建筑设计、软件开发、媒体传播等多个领域。

(2) 侧重点

文化产业创意：更侧重于文化产品和服务的创新，包括文化产品的设计、文化活动的构思、文化项目的开发等，以及文化内容和文化服务的创新。

创意产业：虽然也强调创意的重要性，但其范围更广，不仅限于文化产业领域，还涉及工业、农业等多个领域。它更侧重于通过创意的转化和应用创造新的产品和服务。

(3) 发展目标

文化产业创意：主要目标是推动文化产业的持续发展和繁荣，提升文化产品和服务的附加值和市场竞争力。

创意产业：更广泛地关注通过创意的转化和应用来创造经济效益和就业

机会，促进整体经济的增长和社会的进步。

（4）政策支持与市场环境

在不同国家和地区，两者可能受到不同程度的政策支持和市场环境的影响。但随着全球化和知识经济的发展，两者都受到越来越多的重视和支持。

文化产业创意与创意产业在核心驱动力、产业融合性、创新驱动发展等方面存在密切联系；但在定义与范围、侧重点、发展目标及政策支持与市场环境等方面又各具特色。两者相辅相成，共同推动着经济社会的发展和进步。

（三）文化产业创意的特点

1. 创意为核心驱动力

文化产业创意的核心在于"创意"，即人的创造力、技能和才华。这种创意是推动文化产业发展的灵魂和核心动力，它贯穿于整个文化产业链条，从内容的创作、生产到传播、消费，都离不开创意的引领和驱动。通过不断的思维革新和观念创新，文化产业能够不断推出新颖独特的文化产品和服务，满足市场和消费者的多样化需求，推动文化产业的持续繁荣和发展。

2. 知识密集性

文化产业创意是一个知识密集型的产业，它高度依赖于人的知识、智慧和灵感。文化创意产品以文化、创意理念为核心，是人的知识、智慧和灵感在特定行业的物化表现。人才和技术构成了产业发展的基石和动力，是文化产业创意得以持续发展和创新的关键要素。在文化产业创意中，需要具备深厚的文化底蕴和艺术修养，还需要掌握先进的科技手段和商业模式，以实现文化价值的最大化，推动文化产业向更高层次、更高水平发展。

3. 高附加值性

文化产业创意产品具有较高的附加价值，这是其与传统产业相比的一个显著特点。技术创新和研发属于产业价值链的高端环节，是提升文化创意产品附加值的关键。一旦文化创意产品得到市场的认可，就可以在全球范围内传播，市场价值成倍提升。此外，文化创意产品还可以拓展相应的衍生品市场，进一步增加产品的附加值。这种高附加值性不仅体现在产品的价格上，更体现在产品的文化内涵、品牌形象和市场影响力等方面，使得文化产业创意成为具有极高经济效益和社会效益的产业。

4. 高度融合性

文化产业创意是经济、文化、技术等相互融合的产物，具有高度的融合性、较强的渗透性和广泛的辐射力。它不仅能带动关联产业的发展，促进区域经济的提升，还可以辐射到社会各个方面，提升人民群众的文化素质和精神生活水平。例如，文化创意产业可以与旅游业、信息技术产业等相结合，形成新的业态和商业模式，推动产业的协同发展。这种高度融合性使得文化产业创意在经济发展中扮演着越来越重要的角色，成为推动经济社会发展的重要力量。

5. 与时俱新性

文化产业创意强调在原有文化、思想、技能的基础上产生新的思想与创造，这是其与时俱新性的重要体现。与传统产业相比，文化产业创意的更新频率高、代换速度快是其最明显的特点。随着科技的进步和消费者需求的不断变化，文化产业需要不断创新以适应市场的变化和发展趋势。这种与时俱新性不仅体现在产品的设计和开发上，也体现在企业的经营理念和商业模式上。只有不断创新和进步，才能在激烈的市场竞争中立于不败之地，实现文化产业的可持续发展。

6. 市场需求潜力大

随着人们生活水平的提高和消费观念的变化，对文化产品和服务的需求也在不断增加。文化产业创意通过提供新颖独特的文化产品和服务满足市场和消费者的多样化需求，具有巨大的市场需求潜力。这种潜力不仅体现在国内市场上，也体现在国际市场上。全球化的深入发展和文化交流的日益频繁，文化产业创意将拥有更广阔的市场空间和更多的发展机遇。这使得文化产业创意成为具有广阔发展前景和巨大潜力的产业，值得投资者和创业者深入关注和挖掘。

四、数字文化产业创意

在数字化时代，数字文化产业创意作为文化产业与数字技术深度融合的产物，正以前所未有的速度蓬勃发展，成为推动经济社会发展的新引擎。

（一）数字文化产业创意的定义

数字文化产业创意是指基于数字技术的文化创意产业，它利用数字技术、互联网、移动设备等现代科技手段，进行文化创意内容的创作、生产、传播和服务。这一产业涵盖影视制作、游戏开发、动漫产业、数字艺术、网络文学、数字音乐、数字教育等多个领域，是文化创意产业与数字技术深度融合的结果。

（二）数字文化产业创意的特点

1. 数字技术为核心驱动力

数字文化产业创意的核心在于数字技术的不断创新和应用。这些技术包括人工智能、大数据、云计算、虚拟现实（VR）、增强现实（AR）等，它们为文化内容的创作、生产、传播和服务提供了全新的可能性和无限的空间。通过数字技术的赋能，文化产业突破传统形式的限制，创造出更加丰富多样、互动性强、体验感好的文化产品和服务。

2. 知识密集与创意并重

数字文化产业创意是一个知识密集型的产业，它不仅需要深厚的文化底蕴和艺术修养，还需要掌握先进的数字技术和商业模式。在这个产业中，创意与知识是相辅相成的，创意为产业提供源源不断的灵感和动力，而知识为创意的实现提供坚实的技术和理论支撑。

3. 高附加值与强辐射力

数字文化产业创意产品具有较高的附加价值，这主要体现在产品的文化内涵、技术含量、用户体验等方面。一旦这些产品得到市场的认可，就能够在全球范围内迅速传播，带来巨大的经济效益和社会影响力。数字文化产业创意还具有强辐射力，它能够带动相关产业的发展，促进区域经济的提升，提高人民群众的文化素质和精神生活水平。

4. 高度融合与跨界发展

数字文化产业创意是经济、文化、技术等相互融合的产物，它打破了传统产业的界限，实现了多领域的跨界发展。例如，数字技术与旅游业的结合催生了智慧旅游；数字技术与教育业的结合催生了在线教育；数字技术与零售业的结合催生了新零售等。这些跨界融合丰富了文化产业的内涵和外延，也为数字经济的发展注入了新的活力。

5. 与时俱新与快速迭代

数字文化产业创意强调在固有文化、思想、技能的基础上不断产生新的思想与创造。随着科技的进步和消费者需求的不断变化，这一产业需要不断创新以适应市场的变化和发展趋势。因此，数字文化产业创意具有与时俱新、快速迭代的特点，能够迅速响应市场需求的变化，推出符合时代潮流的文化产品和服务。

（三）数字文化产业创意的发展现状

近年来，随着数字技术的不断发展和普及，数字文化产业创意在全球范围内快速发展。以下是我国数字文化产业创意发展的几个主要方面。

1. 政策支持力度加大

我国政府高度重视数字文化产业创意的发展，出台了一系列政策措施予以扶持。例如，《"十四五"文化产业发展规划》明确提出要推动数字文化产业高质量发展，培育壮大线上演播、数字创意、数字艺术、数字娱乐等新型文化业态。这些政策措施的出台为数字文化产业创意的发展提供有力的保障和支持。

2. 市场规模持续扩大

随着数字文化产业创意的快速发展，其市场规模也在不断扩大。相关数据显示，我国数字文化产业营业收入持续增长，已成为文化产业发展的重点领域和数字经济的重要组成部分。这一趋势表明，数字文化产业创意正逐步成为推动我国经济社会发展的新引擎。

3. 技术创新与应用不断深化

在数字文化产业创意中，技术创新是推动产业发展的关键力量。近年来，我国在人工智能、大数据、云计算、VR/AR等关键技术领域取得显著进展，并将这些技术广泛应用于文化产业的各个领域。例如，通过VR技术实现文物活化和文化展示；通过AI技术实现个性化内容推荐等。这些技术创新和应用不仅提升了文化产品的质量和用户体验,也推动了数字文化产业创意的快速发展。

4. 跨界融合与生态构建

数字文化产业创意的发展离不开跨界融合和生态构建。当前,我国数字文化产业创意正逐步构建起以 IP 为核心的产业生态体系,通过跨界融合推动产业协同发展。

(四)数字文化产业创意的发展趋势

数字文化产业创意将呈现出以下几个发展趋势。

1. 技术创新将持续推动产业发展

随着人工智能、大数据、云计算等关键技术的不断发展,数字文化产业创意将迎来更多的技术创新。这些技术创新将为文化内容的创作、生产、传播和服务带来更多可能性,推动产业向更高层次、更高水平发展。

2. 个性化与定制化将成为主流

随着消费者需求的日益多样化和个性化,数字文化产业创意将更加注重个性化和定制化的产品和服务。通过大数据和人工智能技术精准分析用户需求,提供个性化的内容和服务将成为未来产业发展的重要方向。

3. 跨界融合与生态构建将更加深入

未来,数字文化产业创意将继续深化跨界融合和生态构建。通过与其他产业的深度融合和协同发展,构建更加完善的产业生态体系。

4. 国际化发展将成为重要趋势

随着全球化的深入发展,数字文化产业创意的国际化发展将成为重要趋势。国内企业将积极拓展海外市场,与国际企业展开合作与竞争,推动中国数字文化产业走向世界舞台。

(五)数字文化产业创意的影响

1. 推动经济转型升级

数字文化产业创意作为新兴产业形态,具有高度的创新性和成长性。它的发展不仅推动了文化产业的转型升级和提质增效,也为其他产业的创新发展提供了有力支撑。通过数字技术与文化产业的深度融合,推动经济向更高质量、更高效率、更加可持续的方向发展。

2. 提升人民群众的文化素质和精神生活水平

数字文化产业创意的发展为人民提供了更加丰富多样、高质量的文化产品和服务。这些产品和服务不仅满足了人民日益增长的精神文化需求,也提升了人们的文化素质和精神生活水平。通过数字文化产业创意的发展,让人民群众共享文化发展的成果,促进社会和谐与进步。

3. 促进国际文化交流与合作

数字文化产业创意的国际化发展促进了国际文化交流与合作。通过数字技术和互联网平台,不同国家和地区的文化产品和服务得以跨越时空限制进行交流和传播。这不仅增进了各国人民之间的了解和友谊,也为全球文化的多样性和繁荣发展做出了重大贡献。

第二节　文化产业策划

一、文化产业策划的概念

　　文化产业策划，顾名思义，是对文化产业运作的整体计划，是为提出、实施及评定文化产业项目而进行的预先研讨和规划。这一过程不仅涵盖项目从萌芽到成熟的全生命周期，还深入到文化产业运作的每一个细微环节。它不仅是一个简单的计划制订过程，更是一个涉及市场调研、创意构思、资源配置、风险管理等多个环节的复杂系统工程。在这个系统工程中，策划者需要像一位精明的舵手，既要把握市场的风向，又要预见可能的风浪，以确保文化产业项目能够顺利航行。

　　从策划学的角度来看，文化产业策划是策划学在文化产业领域的应用与延伸，它继承了策划学的核心理念与方法，并将其与文化产业的独特性相结合。策划即计划，但其内涵远不止于此，其核心在于谋划、筹划与安排，是对未来行动的一种预见性布局。在文化产业策划中，策划者不仅需要具备深厚的策划学理论基础，还需要对文化产业有深入的了解和敏锐的洞察力。他们需要运用策划学的理论与方法，如市场调研、SWOT 分析、PEST 分析等工具，结合文化产业的特性与市场需求，制订出既具有创新性又切实可行的项目方案。

　　这样的项目方案不仅需要满足市场的现实需求，还需要预见并引导市场的未来趋势。它不仅要具备文化产业的独特魅力，如深厚的文化底蕴、创新的艺术表达等，还需要在商业运作上具备可行性，如合理的盈利模式、可持续的发展策略等。文化产业策划是一项既充满挑战又极具魅力的任务，它要求策划者既要有艺术家的敏锐与创造力，又要有商人的精明与务实。

二、文化产业策划的类型

（一）按策划对象分类

1. 文化产品策划

定义：针对具体文化产品的设计、开发、推广等全过程进行策划，旨在提升产品的市场竞争力和品牌影响力。

内容：包括产品定位、内容创意、包装设计、营销策略等。例如，一部电影的策划可能涉及剧本创作、导演选择、演员阵容、拍摄计划、后期制作、宣传发行等多个环节。

2. 文化活动策划

定义：围绕特定文化活动（如文化节、艺术展览、演出等）进行的策划，旨在丰富人们的文化生活，提升城市或地区的文化形象。

内容：包括活动主题、内容设计、场地安排、宣传推广、安全保障等。例如，一个国际文化节的策划可能涉及邀请国内外艺术家、安排展览和演出、组织互动体验活动、进行媒体宣传等多个方面。

3. 文化产业园区策划

定义：针对文化产业园区（如文化创意产业园、影视基地等）的规划、建设、运营等全过程进行策划，致力于构建集创作、生产、展示、交易等功能于一体的综合性文化产业平台。

内容：包括园区定位、空间布局、功能分区、招商引资、运营管理等。例如，一个文化创意产业园的策划可能涉及分析市场需求、确定主导产业、设计园区景观、制定入驻政策等多个环节。

（二）按策划目的分类

1. 市场导向型策划

特点：以市场需求为导向，注重经济效益的实现。这类策划强调对消费者需求的深入分析和精准把握，通过创新的文化产品和服务满足市场需求，提升企业的市场竞争力。

示例：针对年轻消费群体推出的潮流文化产品策划，如限量版潮玩、跨界联名商品等。

2. 文化传承型策划

特点：以传承和弘扬优秀传统文化为目的，注重社会效益。这类策划强调对文化资源的深入挖掘和整合，通过创意性的转化和创新性的发展，让传统文化焕发新的生机和活力。

示例：非物质文化遗产展览策划，通过现代科技手段展示传统技艺和文化内涵，吸引更多年轻人的关注和参与。

3. 社会公益型策划

特点：以社会公益为目的，关注社会问题和公共利益。这类策划通过文化产业的独特优势，为弱势群体提供帮助和支持，推动社会和谐与进步。

示例：公益文化活动策划，如为贫困地区儿童捐赠图书、举办免费艺术培训班等。

（三）按策划内容分类

1. 内容创意策划

定义：针对文化产品的核心内容进行创意策划，包括故事构思、角色设计、情节安排等。这是文化产业策划中最具创意性和挑战性的部分。

重要性：优秀的内容创意是吸引消费者、提升产品竞争力的关键。

2. 宣传推广策划

定义：针对文化产品的市场推广和宣传进行的策划，包括广告宣传、媒体合作、公关活动等。

重要性：通过多渠道、多形式的宣传推广活动，提高产品的知名度和美誉度，吸引更多潜在消费者。

3. 运营管理策划

定义：针对文化产业项目的运营管理进行的策划，包括团队建设、流程优化、成本控制、风险评估等。

重要性：确保项目的高效运行和可持续发展，实现经济效益和社会效益的最大化。

（四）其他分类方式

除了上述分类方式外，文化产业策划的划分还可以从多个维度进行深入的探讨和扩展。

1. 按策划主体分类

文化产业策划的主体具有多元性，不同的主体在策划过程中发挥着各自的作用和优势。

(1) 政府主导型策划

这类策划通常由政府或相关文化部门发起和主导，旨在推动文化产业的整体发展，提升国家文化软实力。

政府主导型策划注重宏观规划与政策引导，通过资金投入、税收优惠、市场准入等手段，为文化产业的发展营造良好的外部环境。

示例：国家层面的文化产业发展规划、地方政府的文化产业促进计划等。

(2) 企业自主型策划

这类策划由文化企业自主发起，旨在满足市场需求，实现企业的经济效益和社会效益。

企业自主型策划注重市场导向和创新驱动，通过研发新产品、拓展新市场、优化营销策略等手段，提升企业的市场竞争力。

示例：电影公司的电影制作与发行策划、文化旅游公司的景区开发与运营策划等。

按策划主体还可以划分为社会组织策划、个人策划等，这些策划主体在文化产业中同样发挥着重要作用。

2. 按策划周期分类

文化产业策划的周期长短不一，可以根据项目的具体需求和目标进行划分。

(1) 长期战略规划

这类策划通常涉及文化产业的长远发展，注重宏观规划和战略布局。

长期战略规划需要深入分析文化产业的发展趋势、市场需求、竞争格局等因素，制定出具有前瞻性和可行性的发展战略。

示例：国家文化产业发展规划、大型文化企业的十年发展规划等。

(2) 短期项目策划

这类策划针对具体的文化项目或活动，注重实施效果和短期效益。

短期项目策划需要明确项目的目标、内容、时间节点和预算等，制订出详细的实施计划和营销方案。

示例：电影的制作与发行策划、文化节庆活动的策划与执行等。

3. 按策划地域分类

文化产业策划的地域性是其重要特征之一，不同的地域文化背景和市场需求对策划活动产生着深远影响。

(1) 区域性文化产业策划

这类策划针对特定区域的文化产业发展，注重挖掘和传承地域文化特色。

区域性文化产业策划需要深入了解当地的文化资源、市场需求、政策环境等，制定出符合当地实际的文化产业发展策略。

示例：某市的文化产业发展规划、某地区的文化旅游开发策划等。

(2) 全国性文化产业策划

这类策划面向全国范围的文化产业发展，注重整体布局和协调发展。

全国性文化产业策划需要综合考虑全国的文化资源分布、市场需求、政策导向等因素，制定出具有全局性和战略性的发展规划。

示例：国家层面的文化产业发展战略、全国性的文化节庆活动策划等。

三、文化产业策划的特点

(一) 创意为核心

文化产业策划的首要特点是创意为核心。在文化产业中，创意是驱动整个产业发展的关键要素。在策划过程中，需要充分挖掘和整合文化资源，通过独特的创意和新颖的表现形式，打造出具有市场竞争力的文化产品和服务。这种以创意为核心的特点，使得文化产业策划能够不断推陈出新，满足消费者日益增长的文化需求。

(二) 文化为灵魂

文化产业策划的另一个显著特点是文化为灵魂。文化产业的核心在于传递和弘扬文化价值，因此在策划过程中必须紧紧围绕文化这一核心要素展开。通过深入挖掘和整理传统文化、地域文化、民族文化等文化资源，将其转化为具有市场吸引力和社会影响力的文化产品，是文化产业策划的重要任务。

（三）市场为导向

文化产业策划还注重市场导向。在策划过程中，需要密切关注市场动态和消费者需求变化，以市场需求为导向制定策划方案。这包括分析市场趋势、研究竞争对手、了解消费者偏好等，确保策划的文化产品和服务能够满足市场需求，实现经济效益和社会效益的双赢。

（四）资源整合为关键

文化产业策划涉及多个领域和多个环节，需要整合各方面的资源才能实现项目目标。这些资源包括人力资源、资金资源、技术资源、信息资源等。因此，资源整合是文化产业策划的关键环节。通过加强内部协作和外部合作，实现资源的优化配置和高效利用，是文化产业策划成功的重要保障。

（五）风险评估与应对并重

文化产业策划具有一定的不确定性和风险性。在策划过程中，需要对潜在的风险进行全面评估，并制订相应的应对措施以降低风险对项目的影响。这包括对市场需求变化、政策调整、技术革新等不确定性因素进行预测和分析，并制订相应的风险应对策略，确保项目的顺利实施和可持续发展。

（六）持续创新与动态平衡

文化产业策划是一个持续创新的过程。随着市场环境的变化和消费者需求的升级，文化产业策划需要不断推陈出新，保持创新活力。同时，策划活动还需要在创新与传统之间保持动态平衡，既要注重创新元素的引入和融合，又要尊重传统文化的传承和发展。这种持续创新与动态平衡的特点，使得文化产业策划能够不断适应市场变化，满足消费者多样化的需求。

（七）社会效益与经济效益并重

文化产业策划不仅关注经济效益的实现，还注重社会效益的提升。通过策划活动，可以推动文化产业的繁荣发展，提高国家文化软实力和国际影响力;还可以促进文化资源的共享和传承,丰富人们的文化生活和精神世界。因此,在文化产业策划过程中,需要兼顾经济效益和社会效益,实现双赢或多赢的局面。

四、文化产业策划的原则

(一)客观可行原则

客观可行原则是文化产业策划的基础。该原则要求策划者在制定策划方案时,必须基于客观的市场环境、资源条件和技术水平,确保策划方案具有现实可行性。具体而言,策划者需要进行充分的市场调研,了解目标受众的需求和偏好,同时评估自身的资源和技术能力,确保策划方案能够在实际操作中顺利实施。遵循客观可行原则,可以避免盲目乐观和脱离实际的策划,提高策划活动的成功率。

(二)系统性原则

系统性原则强调文化产业策划需要从整体出发,全面考虑各个因素之间的相互作用和联系。文化产业是一个复杂的系统,涉及多个子行业和领域,因此策划者需要具备系统思维,将文化产业看作一个有机整体,综合考虑文化内容、传播渠道、商业模式等多个方面。在策划过程中,要注重各个环节之间的衔接和配合,确保整个策划活动的协调性和一致性。系统性原则有助于提升策划方案的整体性和科学性,增强文化产业项目的综合竞争力。

(三)随机性原则

随机性原则在文化产业策划中指的是对不可预见因素的灵活应对能力。文化产业市场变化迅速,受众需求多样且多变,策划者需要具备敏锐的洞察力和应变能力,随时调整策划方案以适应市场变化。同时,随机性原则也鼓励策划者勇于尝试和创新,利用不确定性带来的机遇,推动文化产业的持续发展。需要注意的是,随机性并不等于盲目性,策划者在运用随机性原则时仍需保持理性和谨慎。

(四) 价值性原则

价值性原则是文化产业策划的核心要素之一。文化产业的核心在于创造和传播文化价值，因此策划者在制定策划方案时，必须明确文化产品的核心价值，并以此为核心进行创意构思和内容设计。价值性原则要求策划者深入挖掘文化资源的内涵和价值，通过独特的创意和表现形式，将文化价值转化为具有市场吸引力的文化产品或服务。同时，策划者还需要关注文化产品的社会效益和公益价值，推动文化的传承和发展。

(五) 导向性原则

导向性原则强调文化产业策划需要明确的目标和方向。这一原则要求策划者在策划过程中始终围绕文化产业的总体目标和战略方向进行思考和决策。导向性原则有助于确保策划活动的一致性和连续性，避免偏离主题和方向。导向性原则也鼓励策划者积极关注文化产业的发展趋势和未来方向，提前布局和规划未来的发展方向，为文化产业的持续发展奠定坚实基础。

(六) 创意性原则

尽管创意性原则并未在原始问题中直接提及，但它在文化产业策划中同样占据重要地位。创意性原则要求策划者在策划过程中注重创新和独特性，通过独特的创意和构思吸引受众的注意力并激发他们的兴趣。在文化产业这个高度竞争的市场中，创意是区分不同文化产品和服务的关键因素之一。因此，策划者需要不断挖掘新的创意点，将传统文化与现代元素相结合，创造出具有新颖性和吸引力的文化产品或服务。

(七) 双重效益并重原则

双重效益并重原则指的是在文化产业策划中既要追求经济效益，又要注重社会效益。文化产业作为一种特殊的产业形态，其经济效益和社会效益往往相互关联、相互促进。策划者在制定策划方案时，需要充分考虑文化产品的市场需求和商业潜力，同时关注其对社会文化、精神文明的贡献和影响。

通过平衡经济效益和社会效益,可以推动文化产业的可持续发展,实现经济与社会的双赢。

五、文化产业策划的程序

(一)明确策划目标

明确策划目标是文化产业策划的第一步,也是整个策划过程的基础。在这一阶段,策划团队需要清晰地界定策划的目的、愿景和期望成果。这通常包括以下几个方面。

1. 市场定位

明确文化产业项目在市场中的位置,了解目标受众的需求和偏好及竞争对手的情况。

2. 项目主题

根据市场需求和资源条件,确定文化产业项目的主题和核心理念。

3. 预期效果

设定项目预期达到的效果,包括经济效益、社会效益和文化传承等方面的目标。

(二)市场信息调查

市场信息调查是文化产业策划的关键环节。通过深入的市场调研,策划团队可以获取关于目标受众、市场需求、竞争对手、行业趋势等方面的详细信息,为后续的策划工作提供有力支持。市场信息调查通常包括以下几个方面。

1. 目标受众分析

了解目标受众的年龄、性别、职业、兴趣爱好、消费习惯等特征,以便更精准地确定项目定位。

2. 市场需求调研

通过问卷调查、访谈、数据分析等方式,了解目标受众对文化产品的需求和偏好。

3. 竞争对手分析

分析竞争对手的优势、劣势、市场策略等，以便制订更具竞争力的策划方案。

4. 行业趋势研究

关注文化产业的最新动态和趋势，把握行业发展的脉搏和方向。

（三）策划方案的制订和选择

在明确策划目标和进行市场信息调查之后，策划团队需要开始制订策划方案。策划方案的制订是一个创造性的过程，需要充分考虑项目的主题、目标受众、市场需求、资源条件等多个因素。通常，策划团队会提出多个备选方案，并进行综合评估和比较，最终选择出最优方案。策划方案的制订和选择通常包括以下几个方面。

1. 创意构思

围绕项目主题和目标受众进行创意构思，提出具有创新性和吸引力的策划方案。

2. 内容设计

根据策划方案进行具体的内容设计，包括文化产品的形式、内容、风格等方面的规划。

3. 预算和资源规划

根据策划方案的需求和资源条件制订详细的预算和资源规划方案，确保项目的顺利实施。

4. 风险评估与应对措施

对策划方案可能面临的风险进行评估，并制订相应的应对措施以降低风险。

（四）策划方案的实施

策划方案的实施是文化产业策划的核心环节。在这一阶段，策划团队需要按照既定的方案进行具体的操作和执行。这通常包括以下几个方面。

1. 团队组建

根据项目需求组建专业的策划和执行团队，明确各成员的职责和任务分工。

2. 进度控制

制定详细的项目进度计划，并对项目的实施过程进行实时监控和调整，以确保项目按时完成。

3. 质量控制

对项目的各个环节进行质量控制，确保文化产品的质量符合预期标准。

4. 沟通协调

加强项目团队内部与外部合作伙伴之间的沟通协调，确保项目的顺利进行。

（五）效果评价与信息反馈

效果评价与信息反馈是文化产业策划的最后一步，也是持续改进和提升的重要环节。在项目完成后，策划团队需要对项目的实施效果进行全面的评价和分析，包括经济效益、社会效益、目标受众反馈等方面的内容。同时还需要收集和分析市场反馈意见，以便对策划方案进行持续优化和改进。

效果评价与信息反馈通常包括以下几个方面。

1. 经济效益评估

通过财务指标对项目的经济效益进行评估，包括收入、利润、投资回报率等方面的内容。

2. 社会效益评估

评估项目对社会文化、精神文明的贡献和影响，包括文化传承、公众参与度等方面的内容。

3. 目标受众反馈收集

通过问卷调查、访谈等方式收集目标受众对项目的反馈意见，以便了解项目的实际效果和改进方向。

4. 持续改进和优化

根据效果评价和信息反馈的结果对策划方案进行持续改进和优化，提升项目的竞争力和市场影响力。

六、数字文化产业策划

数字文化产业策划是顺应数字技术的飞速发展而兴起的一种新型策划方式，它融合了传统文化产业与数字技术的优势，旨在创造具有创新性、互动性和体验性的文化产品和服务。

（一）数字文化产业策划的背景与意义

1. 背景

在数字经济时代，云计算、大数据、人工智能、虚拟现实（VR）、增强现实（AR）等数字技术正以前所未有的速度改变着我们的生活方式和消费习惯。这些技术不仅为文化产业提供了全新的创作工具和传播渠道，还极大地丰富了文化产品的形态和体验方式。在此背景下，数字文化产业应运而生，并迅速成为文化产业的重要组成部分。

2. 意义

数字文化产业策划的意义在于通过运用数字技术，创新文化产品的创作、生产、传播和消费模式，提升文化产业的竞争力和影响力。它有助于挖掘和传承中华优秀传统文化，推动文化创新，满足人民群众日益增长的精神文化需求；同时，能够促进文化产业与其他产业的融合发展，形成新的经济增长点。

（二）数字文化产业策划的特点

1. 创新性

数字文化产业策划强调创新性和原创性，通过运用数字技术创造全新的文化产品形态和体验方式，满足消费者的个性化需求。

2. 互动性

数字技术使得文化产品具有更强的互动性，消费者可以参与到文化产品的创作、传播和消费过程中，形成更加紧密、互动的用户关系。

3. 体验性

数字文化产业策划注重提升消费者的体验感受，通过虚拟现实、增强现实等技术手段，为消费者提供更加沉浸式的文化体验。

4. 融合性

数字文化产业策划具有高度的融合性，能够与其他产业如旅游、教育、体育等进行深度融合，形成多元化的产业生态。

（三）数字文化产业策划的程序

1. 市场调研与分析

通过进行市场调研，了解目标受众的需求和偏好，分析市场趋势和竞争态势，为策划提供数据支持。

2. 策划目标设定

根据市场调研结果，设定明确的策划目标，包括文化产品的定位、预期效果、市场份额等。

3. 创意构思与方案设计

运用数字技术进行创新构思，设计具有独特性和吸引力的文化产品方案。这包括内容创意、技术实现、用户体验等多个方面。

4. 技术评估与资源调配

对技术方案进行评估，确保技术可行性和成本效益；同时调配相关资源，包括人力、物力、财力等，为策划实施提供保障。

5. 实施与监控

按照策划方案实施项目，对实施过程进行实时监控和调整，确保项目按计划推进。

6. 效果评估与反馈

在项目完成后进行效果评估，分析项目的经济效益和社会效益；同时收集用户反馈意见，为后续的策划提供改进方向。

（四）数字文化产业策划的关键要素

1. 内容创新

内容是数字文化产品的核心竞争力。策划者需要深入挖掘文化内涵，结合数字技术进行创新表达,打造具有独特性和吸引力的文化产品。

2. 技术支撑

数字文化产业策划离不开技术的支撑。策划者需要关注数字技术的最新进展,了解不同技术的应用场景和优势,选择适合的技术手段实现策划目标。

3. 用户体验

用户体验是数字文化产业策划成功的关键。策划者需要注重提升用户的参与感和满意度,通过优化界面设计、交互流程等方式提升用户体验。

4. 跨界合作

数字文化产业策划需要与其他产业进行跨界合作,共同打造多元化的产业生态。通过与其他产业的资源共享和优势互补,实现共赢发展。

(五) 数字文化产业策划的挑战与机遇

1. 挑战

在数字文化产业策划的过程中,策划者面临着多方面的挑战。

一是,数字技术更新换代迅速,意味着策划者需要不断跟进技术进展,以保持创新活力。他们需要时刻关注最新的数字技术趋势,如人工智能、虚拟现实、区块链等,并思考如何将这些技术应用于文化产业中,创造出更具吸引力和竞争力的文化产品。

二是,文化市场竞争激烈,策划者需要深入挖掘文化内涵,打造差异化竞争优势。在众多的文化产品中,如何让自己的产品脱颖而出,成为消费者的首选,是策划者需要思考的重要问题。他们需要通过深入研究目标受众的需求和偏好及市场趋势和竞争对手的情况,制订出具有差异化和创新性的策划方案。

三是,用户需求多样化且变化快速,这也是策划者需要面对的一个重要挑战。随着社会的发展和消费者观念的变化,用户对于文化产品的需求也在不断变化。策划者需要注重市场调研和用户反馈,及时调整策划方案,以满足用户不断变化的需求。他们需要建立与用户之间的紧密联系,通过用户反馈来不断优化和改进自己的产品。

2. 机遇

尽管数字文化产业策划面临着诸多挑战，但同时也孕育着巨大的机遇。

一是，数字技术的快速发展为文化产业提供了广阔的创新空间和市场前景。随着数字技术的不断进步和应用范围的扩大，文化产业也将迎来更多的创新机遇。策划者可以利用数字技术创造出更具吸引力和互动性的文化产品，满足消费者日益增长的精神文化需求。

二是，国家政策对数字文化产业的支持力度不断加大，为策划者提供了良好的政策环境和市场机遇。政府对于数字文化产业的重视和支持，将为策划者提供更多的政策优惠和市场机会。策划者可以积极利用这些政策优势，推动自己的数字文化产业项目的发展。

三是，消费升级和个性化需求的增长为数字文化产品提供了广阔的市场空间和发展潜力。随着消费者对文化产品的品质和个性化需求的提升，数字文化产品也将迎来更大的市场空间和发展机遇。策划者可以通过深入研究消费者的需求和偏好，开发出更具个性化和差异化的数字文化产品，满足市场的多元化需求。

第四章 数字传媒业的创意与策划

第一节 数字影视文化产业创意与策划

一、数字影视文化产业创意的特点

(一) 技术驱动的创新性

数字影视文化产业的核心在于其高度的技术依赖性和创新性。随着数字技术,如高清摄像、三维动画、虚拟现实(VR)、增强现实(AR)、人工智能(AI)等的飞速发展,影视制作手段和传播方式发生了革命性的变化。这些技术不仅极大地丰富了影视作品的视觉表现力和艺术感染力,还推动了影视创作理念和模式的改革。

1. 高清与超高清技术

高清和超高清技术的普及,使得影视画面更加细腻、色彩更加丰富,为观众带来了更加逼真的观影体验;同时也促使影视制作团队在场景设计、服装道具、灯光效果等方面更加注重细节,提升了作品的整体品质。

2. 三维动画与特效

三维动画和特效技术的成熟应用,使得影视作品中难以实拍或成本高昂的场景得以实现。无论是奇幻的生物、宏大的战争场面,还是细腻的情感表达,都可以通过三维动画和特效技术呈现,极大地拓宽了影视创作的想象空间。

3. 虚拟现实（VR）与增强现实（AR）

VR和AR技术的引入，为影视产业带来全新的互动体验方式。观众可以身临其境地参与到影视作品中，与角色互动、探索虚拟世界，这种沉浸式的观影体验极大地提升了观众的参与感和满意度。

4. 人工智能（AI）

AI技术在影视产业中的应用日益广泛，从剧本创作、角色设计到后期制作、个性化推荐等各个环节，都能看到AI的身影。AI不仅提高了影视制作的效率和质量，还为影视产业带来了更多的创新可能。

（二）内容创意的多元化与个性化

数字影视文化产业在内容创意方面展现出了多元化和个性化的特点。随着观众需求多样化和个性化趋势的加剧，影视作品在题材选择、故事叙述、角色塑造等方面都更加注重创新和差异化。

1. 题材多元化

数字影视文化产业的题材范围极为广泛，涵盖历史、科幻、爱情、动作、悬疑、喜剧等多种类型。随着跨文化交流的加深，越来越多的国际元素被引入影视作品中，使得影视作品的题材更加多元化。

2. 故事叙述创新

在故事叙述方面，数字影视文化产业注重打破传统叙事模式，采用非线性叙事、多视角叙事等创新手法，使得故事更加引人入胜。影视作品还注重挖掘人性深处的情感共鸣点，通过细腻的情感描绘和深刻的主题思考打动观众。

3. 角色塑造个性化

数字影视文化产业中的角色塑造越来越注重个性化和差异化。无论是主角还是配角，都力求通过独特的性格特征、行为方式和成长轨迹塑造鲜明的角色形象。这种个性化的角色塑造不仅使得影视作品更加生动有趣，还增强了观众对角色的认同感和代入感。

(三) 传播方式的数字化与网络化

数字影视文化产业的传播方式具有鲜明的数字化和网络化特点。随着互联网技术的普及和发展，影视作品的传播渠道不再局限于传统的电影院线和电视频道，而是向网络平台、移动设备等多元化渠道拓展。

1. 网络视频平台

网络视频平台，如优酷、爱奇艺、腾讯视频等已成为观众观看影视作品的重要渠道。这些平台不仅提供了丰富的影视资源供观众选择观看，还通过弹幕、评论等互动功能增强了观众的参与感和社交体验。

2. 社交媒体传播

社交媒体，如微博、微信、抖音等也成为影视作品传播的重要阵地。影视作品通过社交媒体进行预热宣传、话题讨论和口碑传播，可以迅速扩大影响力并吸引更多观众关注。

3. 移动观影体验

随着智能手机的普及和移动网络的发展，观众可以随时随地通过手机观看影视作品。这种移动观影体验不仅打破了时间和空间的限制，还使得影视作品更加贴近观众的生活需求。

(四) 产业融合与跨界合作

数字影视文化产业还展现出产业融合与跨界合作的特点。随着文化产业与其他产业的深度融合发展，影视产业与其他产业之间的界限越来越模糊，跨界合作成为常态。

1. 与旅游业的融合

影视作品中的美景和特色文化元素往往能够吸引观众前往实地旅游体验。因此，影视产业与旅游业的融合成为一种趋势。通过打造影视旅游线路、开发影视主题旅游项目等方式，可以实现影视产业与旅游业的共赢发展。

2. 与游戏产业的融合

影视与游戏产业之间的融合也日益加深。许多热门影视作品被改编成游戏作品推向市场；一些游戏作品也被改编成影视作品进行呈现。这种跨界合作不仅拓宽了影视作品的传播渠道和市场空间，还丰富了观众的文化娱乐体验。

3. 与其他产业的融合

数字影视文化产业还与教育、时尚、科技等多个产业进行融合发展。通过跨界合作和创新实践，可以推动影视产业的转型升级和可持续发展。

（五）全球化与国际化视野

数字影视文化产业还具备全球化与国际化的特点。随着全球化的深入发展和国际交流的加强，影视作品已成为跨文化传播的重要载体之一。

1. 国际合作制作

越来越多的影视作品采用国际合作制作的方式进行创作和生产。这种合作方式不仅有助于整合全球优秀的创作资源和制作团队，提高影视作品的质量和水平，还有助于拓宽作品的国际传播渠道和市场空间。

2. 文化输出与交流

影视作品作为文化产品的重要形式，承载着丰富的文化内涵与价值观念。通过影视作品的国际传播和交流，可以促进不同文化之间的相互理解和尊重，增进各国人民之间的友谊和合作。

3. 国际影响力提升

优秀的影视作品不仅能够在国内市场上取得良好的口碑和票房成绩，还能够通过国际电影节、海外发行等渠道走向世界舞台，提升中国影视产业的国际影响力和竞争力。

二、数字影视文化产业策划的原则

数字影视文化产业策划的原则是指导整个策划过程的核心准则，它们不仅关乎作品的艺术性和观赏性，还涉及市场定位、成本控制、技术创新、文化传承等多个方面。

(一) 创新性原则

创新性是数字影视文化产业策划的首要原则。在高度竞争的市场环境中，只有不断创新，才能脱颖而出，吸引观众的眼球。创新性原则体现在以下几个方面。

1. 内容创新

内容创新是影视作品的灵魂。策划者需要深入探寻社会热点、文化现象、人性情感等素材，通过独特的视角和叙事方式，创作出具有新颖性和感染力的故事。同时，也要注重题材和类型的多样化，满足不同观众的审美需求。

2. 技术创新

数字技术的发展为影视制作提供了前所未有的创作空间。策划者应积极采用新技术，如高清摄像、三维动画、虚拟现实、人工智能等前沿技术，提升作品的视觉效果和观看体验。同时，也要关注技术前沿，探索新技术在影视制作中的应用潜力。

3. 形式创新

除了内容和技术层面的创新外，形式创新同样重要。策划者可以尝试不同的叙事结构、剪辑手法、音效设计等，打破传统框架，创造出独具特色的影视作品。

(二) 受众导向原则

受众导向原则强调以观众为中心，根据观众的需求和喜好策划影视作品。这一原则要求策划者在策划过程中充分考虑观众的心理预期和接受习惯，确保作品能够引起观众的共鸣和关注。

1. 市场调研

在策划初期，策划者应进行详细的市场调研，了解目标受众的年龄、性别、职业、兴趣爱好等信息，以及他们对影视作品的偏好和期待。这些信息将为后续的策划工作提供有力支持。

2. 观众反馈

在作品制作过程中和作品播出后，策划者应密切关注观众的反馈意见，及时调整和完善作品。观众的反馈是检验作品质量的重要标准之一，也是策划者不断改进和提升的动力源泉。

3. 差异化定位

针对不同受众群体，策划者应进行差异化定位，创作出符合他们需求和喜好的影视作品。这有助于提升作品的针对性和吸引力，提高市场竞争力。

（三）可行性原则

可行性原则要求策划者在策划过程中充分考虑各种实际因素，确保策划方案具有可操作性和可实现性。该原则涉及资金、技术、人才、市场等多个方面。

1. 资金预算

影视制作需要大量的资金投入。策划者应根据项目的规模和需求制定合理的资金预算，确保资金充足且使用合理；也要关注成本控制和资金回笼等问题，确保项目的经济效益和社会效益的统一。

2. 技术可行性

策划者应充分了解当前技术的发展水平和应用状况，确保所选用的技术在项目实施过程中具有可行性；也要关注技术更新换代的趋势和风险点，做好技术储备和应对准备。

3. 人才团队

优秀的团队是影视作品成功的关键。策划者应组建一支专业、高效、协作的团队负责项目的实施。这包括导演、编剧、演员、摄影师、后期制作人员等多个岗位的人才储备和调配。

4. 市场前景

在策划过程中，策划者应充分分析市场前景和竞争态势，确保项目具有良好的市场潜力和发展空间；也要关注市场动态和政策法规的变化情况，及时调整策划方案以适应市场需求。

(四)文化传承与创新原则

数字影视文化产业作为文化产业的重要组成部分,承担着传承和创新文化的重要使命。因此,在策划过程中应坚持文化传承与创新的原则。

1. 文化传承

影视作品是文化传播的重要载体之一。策划者应深入挖掘中华优秀传统文化资源,通过影视作品进行传承和弘扬。这有助于增强观众的文化认同感和自豪感,推动中华文化的国际传播和交流。

2. 文化创新

在传承文化的基础上,策划者还应注重文化的创新和发展。通过创新性的叙事方式、表现手法和审美观念等方面的探索和实践,推动中华文化的现代化转型和国际化传播。这有助于提升中华文化的影响力和竞争力,为世界文化多样性作出贡献。

(五)社会效益与经济效益并重原则

数字影视文化产业策划应坚持社会效益与经济效益并重的原则。这要求策划者在追求经济效益的同时,也要注重社会效益的实现和提升。

1. 社会效益

影视作品作为精神文化产品之一,具有重要的社会价值和意义。策划者应关注作品的社会影响力和价值导向作用,通过积极向上的主题和情节传递正能量和正确价值观。这有助于提升观众的思想道德素质和审美水平,促进社会和谐与进步。

2. 经济效益

经济效益是影视作品成功的重要标志之一。策划者应关注作品的市场表现和经济效益情况,通过合理的市场定位和营销策略提升作品的知名度和影响力。同时,也要注重成本控制和资金回笼等问题,确保项目的经济效益最大化。

三、数字电视产业的创意与策划

在数字化浪潮的推动下,数字电视文化产业正以前所未有的速度蓬勃发展,已成为当代文化产业的重要组成部分。随着科技的飞速进步和消费者需求的日益多样化,数字电视文化产业面临着前所未有的机遇与挑战。一方面,高清、超高清、4K/8K等技术的不断成熟,为观众带来了更加震撼的视觉体验;另一方面,虚拟现实(VR)、增强现实(AR)和人工智能(AI)等新兴技术的融入,为数字电视文化产业带来了全新的创意空间和商业模式。因此,如何科学合理地策划数字电视文化产业项目,成为行业内外关注的焦点。

(一)数字电视产业创新的技术应用

1. 高清与超高清显示技术

(1) 4K 与 8K 分辨率

4K 和 8K 分辨率是近年来数字电视领域最引人注目的创新之一。4K 分辨率(3840×2160 像素)相较于传统的 1080p 全高清分辨率,提供了四倍的像素数量,使得画面细节更加丰富,色彩过渡更加自然。而 8K 分辨率(7680×4320 像素)则进一步将像素数量提升至 16 倍,几乎达到了人眼视觉极限的分辨率,为用户带来了前所未有的沉浸式观影体验。

(2) HDR 技术

高动态范围(HDR)技术是提升画质的重要手段之一。HDR 通过扩展亮度和色彩范围,使画面中的亮部和暗部细节得以更好地保留和展现,从而增强画面的立体感和真实感。Dolby Vision、HDR10+ 等 HDR 标准的推出,不仅丰富了 HDR 技术的应用场景,也推动了产业链上下游企业的协同发展。

2. 新型显示技术

(1) OLED 技术

有机发光二极管(OLED)技术是一种自发光显示技术,具有色彩鲜艳、对比度高、视角广、响应速度快等优点。OLED 屏幕无须背光源,每个像素点都能独立发光,因此能够实现更深的黑色和更高的色彩饱和度。此外,OLED 屏幕还具备可弯曲、超薄等特性,为电视产品的形态创新提供了更多可能。近年来，随着 OLED 生产成本的降低和良率的提升，OLED 电视逐渐普及。

(2) Mini LED 与 Micro LED 技术

Mini LED 和 Micro LED 是 LED 背光技术的升级版。Mini LED 背光采用更小的 LED 灯珠组成背光矩阵，能够实现更多分区控制和更高的亮度均匀性，从而提升画面对比度和色彩表现力。而 Micro LED 则更进一步，直接将 LED 灯珠作为像素点使用，理论上可以实现无限高的分辨率和对比度。目前，Micro LED 技术仍处于研发阶段，但其巨大的潜力已经引起了业界的广泛关注。

3. 人工智能与大数据应用

(1) AI 画质优化

人工智能技术在电视画质优化方面发挥着重要作用。通过深度学习算法，AI 能够分析画面内容并自动调整色彩、亮度、对比度等参数，使画面更加接近人眼所见的真实世界。此外，AI 还能根据用户的观看习惯和需求进行个性化推荐和优化内容呈现方式，提升用户的观影体验。

(2) 大数据分析

大数据技术在数字电视产业中的应用也日益广泛。通过对用户行为数据的收集和分析，企业可以了解用户的喜好和需求，从而优化产品设计和营销策略。例如，基于用户观看历史和内容偏好进行精准推荐；根据用户反馈进行产品迭代升级等。大数据技术的应用不仅提升了企业的运营效率和市场竞争力，也为用户提供了更加便捷和个性化的服务体验。

4. 交互与智能化技术

(1) 语音交互

随着智能家居的普及和物联网技术的发展，语音交互已经成为智能电视的重要功能之一。用户只需通过简单的语音指令就能实现节目搜索、控制操作等功能，大大提升了使用便捷性和智能化水平。语音交互技术的应用不仅改变了用户的操作习惯，也为电视产品的差异化竞争提供了新的方向。

(2) 智能推荐系统

智能推荐系统是智能电视的另一大亮点。通过 AI 算法对用户行为数据进行分析和学习,智能推荐系统能够精准地预测用户的兴趣偏好并推送相关内容。这种个性化的推荐方式不仅提高了用户的内容获取效率,还增强了用户的黏性和满意度。同时,对于企业而言,智能推荐系统也是提升广告转化率和商业变现能力的重要手段之一。

5. 网络传输与分发技术

(1) IPTV 与 OTT

网络电视(IPTV)和互联网电视(OTT)是数字电视产业中的重要分支。IPTV 基于宽带网络提供直播、点播等多媒体服务,具有稳定性高、画质清晰等优点;而 OTT 则通过互联网直接向用户提供服务,具有内容丰富、更新迅速等特点。随着网络带宽的不断提升和传输技术的不断进步,IPTV 和 OTT 已经成为数字电视产业中不可或缺的重要组成部分。

(2) 5G 与未来网络

5G 技术的商用部署为数字电视产业的发展带来了新的机遇和挑战。5G 网络的高速率和低延迟特性使得高清、超高清视频内容的传输更加流畅和稳定;同时 5G 也为物联网、大数据等技术的融合应用提供了更加坚实的基础设施支持。随着 6G 等新一代通信技术的研发和应用,数字电视产业将迎来更加广阔的发展空间和更加丰富的应用场景。

(二) 数字电视产业宣传推广与品牌建设

1. 数字电视产业宣传推广策略

(1) 精准定位目标市场

数字电视产业的宣传推广首先需要明确目标市场。通过市场调研和数据分析,了解不同群体的观看习惯、兴趣偏好和消费能力,从而精准定位目标受众。针对不同年龄段、性别、地域和文化背景的观众,制订差异化的推广策略,提高宣传的针对性和有效性。

(2) 多元化宣传渠道

在宣传推广过程中,应充分利用各种媒体渠道,以达成宣传效果的最大化。传统媒体如电视、广播、报纸和杂志等,仍然是重要的宣传平台,可以通过广告投放、节目合作等方式提升品牌曝光度。同时,新媒体平台如社交媒体、视频网站、移动应用等,以其互动性强、传播速度快的特点,成为数字电视产业宣传推广的新阵地。通过整合线上线下资源,构建全方位、多层次的宣传网络。

(3) 创意内容营销

内容是吸引观众的核心。在宣传推广中,应注重创意内容的开发,通过高质量的节目、精彩的预告片、引人入胜的故事线等,激发观众的兴趣和好奇心。利用大数据和人工智能技术,分析观众的行为数据和偏好,实现内容的个性化推荐和精准投放,提高宣传的转化率和用户黏性。

(4) 跨界合作与联动

数字电视产业可以与其他领域进行跨界合作,共同打造具有影响力的品牌活动或项目。例如,与电影、音乐、游戏等娱乐产业合作,推出联名节目或产品;与电商平台合作,开展线上线下联动促销活动;与教育机构合作,推广教育类数字电视内容等。通过跨界合作,实现资源共享、优势互补,拓宽宣传渠道和受众范围。

(5) 用户体验优化

用户体验是数字电视产业宣传推广的重要环节。通过优化用户界面设计、提升观看流畅度、增加互动环节等方式,提高用户的观看体验和满意度。同时,建立完善的用户反馈机制,及时了解用户需求和建议,不断改进产品和服务质量,增强用户忠诚度和口碑传播效应。

2. 数字电视产业品牌建设路径

(1) 明确品牌定位

品牌定位是品牌建设的基础。数字电视产业应结合自身特点和市场需求,明确品牌的核心价值和差异化优势,形成独特的品牌形象和风格。品牌定位应贯穿于整个品牌建设全过程,指导宣传推广、内容创作、渠道拓展等各个环节的工作。

(2) 强化内容创新

内容是品牌的灵魂。数字电视产业应注重原创内容的开发和制作,提升节目的质量和吸引力。通过引进优秀人才、加大研发投入、建立合作机制等方式,推动内容创新和技术升级。关注观众需求的变化与趋势,及时调整内容策略和方向,确保品牌始终保持活力和竞争力。

(3) 塑造品牌形象

品牌形象是品牌价值的体现。数字电视产业应通过精心设计的视觉识别系统（VI）、独具特色的品牌口号和理念、优质的节目内容等方式，塑造鲜明的品牌形象。加强品牌与观众之间的情感联系和互动沟通，提升品牌的认知度和好感度。通过持续的品牌建设和推广活动，逐步建立品牌的知名度和美誉度。

(4) 拓展品牌渠道

渠道是品牌传播的重要途径。数字电视产业应积极拓展品牌渠道，通过多渠道、多平台的推广方式，扩大品牌的影响力和覆盖范围。除了传统的电视播出渠道外，还应关注新媒体平台的发展动态和趋势，积极开拓网络视频、社交媒体、移动应用等新媒体渠道。通过多渠道的传播和互动，实现品牌的全方位覆盖和深度渗透。

(5) 加强品牌合作与联动

品牌合作与联动是品牌建设的重要手段之一。数字电视产业应积极寻求与其他品牌或机构的合作机会，共同开展具有影响力和商业价值的品牌项目或活动。通过品牌合作与联动，实现资源共享、优势互补和市场拓展的目标。同时，加强与国际同行的交流与合作，学习借鉴国际先进经验和技术，提升品牌的国际竞争力和影响力。

(6) 实施品牌维护与管理

品牌维护与管理是品牌建设的重要环节之一。数字电视产业应建立完善的品牌维护和管理机制，加强品牌资产的保护和管理。通过定期评估品牌价值和市场表现、及时处理品牌危机事件、加强品牌知识产权保护等方式，确保品牌的健康发展和持续增值。关注行业动态和市场变化，及时调整品牌策略和方向，保持品牌的活力和竞争力。

（三）数字电视产业创意策划方法

1. 数字新闻政教类节目策划

(1) 节目定位

明确目标受众：数字新闻政教类节目的首要任务是明确目标受众。这类节目往往针对的是关心国家大事、政策导向及社会教育问题的广泛群体，包括政府官员、专家学者、企事业单位员工及普通市民等。在策划初期，需要深入分析不同受众群体的需求和兴趣，确保节目内容能够精准触达并满足他们的需求。

确立节目宗旨：节目宗旨是策划的核心指导思想。数字新闻政教类节目应致力于传达政府政策、解读社会热点、普及法律知识、提升公民素养等。通过权威的信息发布、深入的解读分析和生动的案例展示，引导公众形成正确的价值观和世界观，促进社会和谐稳定。

（2）内容策划

选题策划：选题策划是数字新闻政教类节目内容创作的关键环节。选题应紧密围绕国家政策、社会热点和公众关切的问题展开，确保节目的时效性和针对性。选题还应注重创新性和贴近性，避免陈词滥调和老生常谈，以新颖的视角和独特的解读吸引观众关注。

内容整合选题确定后，需要对相关内容进行精心整合。这包括收集权威的政策解读、专家观点、社会案例等相关素材，并进行深入分析和加工处理。通过整合多方资源，形成具有深度和广度的节目内容，满足观众不同层次的信息需求。

素材增值：素材增值是数字新闻政教类节目内容策划的重要手段之一。通过对已有素材进行重新整合、加工和改造，以实现资源利用的最大化。这要求策划人员具备敏锐的新闻敏感度和独到的见解，能够从不同角度、不同层面挖掘素材的价值，为观众呈现更加全面、深入的节目内容。

（3）形式创新

多样化表现形式：数字新闻政教类节目应注重形式的多样化创新。除了传统的新闻播报和访谈形式外，还可以引入动画演示、情景模拟、互动问答等多种表现形式，增强节目的趣味性和互动性。通过多样化的表现形式，使抽象的政策信息更加直观易懂，提高观众的接受度和参与度。

视觉与听觉的双重体验：在数字化时代，视觉和听觉的双重体验成为提升节目质量的重要因素。数字新闻政教类节目应注重画面质量和音效设计，通过高清画质、立体音效等技术手段，为观众带来身临其境的视听感受。同时，还可以通过配乐、音效等手段营造氛围，增强节目的感染力和吸引力。

（4）互动设计

多渠道互动平台：数字新闻政教类节目应注重构建多渠道互动平台，包括社交媒体、官方网站、APP 客户端等。借助这些平台，观众能够实时参与节目互动、发表观点看法、提出疑问建议。多渠道互动平台的建设，将促进节目与观众之间的有效沟通，增强节目的参与度和影响力。

用户反馈机制：建立完善的用户反馈机制是数字新闻政教类节目策划的重要环节之一。通过收集观众反馈意见和建议，及时调整节目内容和形式，确保节目始终贴近受众需求。还可以通过用户反馈机制了解观众对节目的满意度和忠诚度情况，为节目的持续优化提供有力支持。

（5）效果评估

收视率与点击率：收视率和点击率是衡量数字新闻政教类节目效果的重要指标之一。通过定期监测收视率和点击率数据变化情况可以了解节目的受众覆盖范围和影响力大小。还可以通过对比分析不同时间段、不同内容的收视率和点击率数据情况，评估节目的播出效果和市场表现情况。

社交媒体影响力：社交媒体影响力是衡量数字新闻政教类节目在社交媒体平台上传播效果的重要指标之一。通过观察节目在社交媒体上的转发量、评论量、点赞量等数据情况可以了解节目在社交媒体上的传播范围和影响力大小。还可以通过社交媒体数据分析工具对受众群体进行画像分析，了解受众的兴趣偏好和行为特征，为节目的持续优化提供有力支持。

受众满意度调查：受众满意度调查是衡量数字新闻政教类节目效果的重要手段之一。通过定期开展受众满意度调查，可以了解观众对节目的整体评价和改进建议情况。通过收集和分析受众反馈意见，可以对节目进行全面评估并根据评估结果进行相应的调整和优化，以提升节目的整体质量和受众满意度水平。

2. 数字综艺娱乐节目策划

（1）节目定位

目标受众分析：明确节目的目标受众是策划的第一步。数字综艺娱乐节目的受众广泛，但不同节目可能针对特定的年龄层、兴趣群体或地域市场。例如，年轻观众可能更倾向于时尚、潮流、挑战类的节目，而家庭观众则可能更偏爱寓教于乐的亲子类节目。通过市场调研和数据分析，确定目标受众的喜好和需求，为节目内容的定制提供依据。

节目主题与风格：根据目标受众的定位，确定节目的主题和风格。主题可以是文化探索、才艺展示、生活体验、游戏竞技等，风格则可以是轻松幽默、紧张刺激、温馨感人等。主题和风格的明确有助于节目在众多同类节目中脱颖而出，形成独特的品牌形象。

（2）内容策划

环节设计：数字综艺娱乐节目内容策划的关键在于环节设计。环节设计应围绕节目主题展开，注重创意和趣味性。可以设计各种挑战游戏、才艺表演、互动问答等环节，通过多样化的形式吸引观众眼球。同时，各个环节之间应紧密相连，形成完整的故事线或流程，提升观众的观看体验。

嘉宾与选手选择：嘉宾与选手的选择对于节目的吸引力至关重要。根据节目定位和目标受众的喜好，邀请具有影响力、话题度或拥有独特才艺的嘉宾和选手参与节目。他们的加入不仅能够提升节目的知名度和关注度，还能为节目带来新鲜感和话题性。

（3）形式创新

互动性与参与感：数字综艺娱乐节目应注重互动性和参与感的设计。通过线上投票、弹幕评论、实时互动等方式，让观众参与到节目中，提升他们的参与感和归属感。还可以设计一些观众能够直接影响节目进程或结果的环节，如观众投票决定选手去留等，进一步增强互动性。

多平台融合：随着数字技术的发展，多平台融合成为数字综艺娱乐节目的重要趋势。节目可以在电视、网络视频平台、社交媒体等多个渠道同步播出和推广，实现跨平台互动和资源共享。通过多平台融合，可以扩大节目的受众范围和传播效果。

（4）互动设计

社交媒体互动：利用社交媒体平台与观众进行实时互动是数字综艺娱乐节目的重要策略之一。通过微博、微信、抖音等社交媒体平台发布节目预告、幕后花絮、嘉宾访谈等内容,吸引观众关注和讨论。还可以设置话题挑战、有奖互动等活动,鼓励观众参与并分享节目内容,扩大节目的传播范围。

线上社群建设:建立节目的线上社群也是提升互动性的有效方式之一。通过微信群、QQ群等线上社群平台,将节目的忠实观众聚集在一起,形成紧密的社群关系。在社群中发布节目信息、组织线下活动、分享观众心得等,增强观众的归属感和黏性。

3. 数字生活服务类节目策划

(1) 节目定位与目标受众

节目定位:数字生活服务类节目应明确其服务性质,即围绕观众的日常生活需求,提供实用、有趣的生活技巧和信息。节目内容应贴近实际、贴近生活,解决观众在日常生活中遇到的各种问题。

目标受众:目标受众应广泛覆盖不同年龄段、性别和职业背景的观众。因为生活服务类节目的实用性,其受众群体往往非常广泛,包括家庭主妇、上班族、学生、老年人等。所以,在策划过程中应充分考虑不同受众群体的需求和兴趣点。

(2) 内容策划与环节设计

①内容策划

主题选择:每期节目应设定一个明确的主题,如家居清洁、健康饮食、时尚穿搭等,确保内容具有针对性和实用性。

实用性:节目内容应注重实用性和可操作性,采用演示和讲解相结合方式,让观众能够轻松掌握生活技巧。

新颖性:在保持实用性的基础上,注重内容的新颖性和趣味性,吸引观众的注意力。

②环节设计

生活问答环节:采用观众提问或节目组预设问题的方式,引入与主题相关的生活难题,由主持人或嘉宾进行解答,增加节目的互动性和参与感。

主题实践环节:针对每期节目的主题,邀请专业人士(如营养师、清洁专家、时尚达人等）进行实践演示，展示具体的生活技巧和方法。

观众互动环节：设置观众投票、留言互动等环节，鼓励观众积极参与节目讨论，提出自己的问题和建议。

（3）互动设计与观众参与

①互动设计

多渠道互动：建立官方网站、社交媒体账号等互动平台，方便观众随时随地参与节目互动。

互动环节设置：在节目中设置明确的互动环节和规则，鼓励观众通过留言、投票等方式参与节目讨论和反馈。邀请嘉宾与观众进行线上或线下互动，增加节目的亲和力和观众黏性。

②观众参与

观众反馈机制：建立完善的观众反馈机制，及时收集和处理观众的意见和建议，为节目优化提供依据。

观众贡献内容：鼓励观众分享自己的生活经验和技巧，通过征集观众投稿等方式丰富节目内容来源。

4. 数字选秀类电视节目策划

（1）节目定位与目标受众

节目定位：数字电视选秀节目是一种集娱乐性、观赏性和参与性于一体的电视节目形式。它通过选拔具有特定才能或潜质的选手，并围绕他们的才艺展示、成长历程和竞争过程展开，旨在打造一批新星，同时满足观众的娱乐需求和审美期待。

在策划数字电视选秀节目时，应明确节目的核心价值和定位，如注重选手的独特性或选手作品的原创性、才艺的多样性、比赛的公正性等。同时，还应考虑节目的差异化竞争策略，以区别于其他同类型的选秀节目。

目标受众：数字电视选秀节目的目标受众广泛，涵盖不同年龄段、性别、职业和文化背景的观众。其中，年轻人是主要的收视群体，他们追求时尚、热衷于追星和参与互动。在策划过程中应充分考虑年轻人的喜好和需求，打造符合他们审美取向的节目内容。

（2）内容设计与环节安排

内容设计：内容设计是数字电视选秀节目的核心。一个成功的选秀节目应包含丰富多样的内容元素，如选手的才艺展示、评委点评、观众投票、选手背后的故事等。这些内容元素应相互交织、互为补充，共同构成一个完整、有趣的节目框架。

在内容设计上，应注重创新和突破。例如，可以引入新的才艺形式、设置独特的挑战环节、增加观众互动的机会等。还应注重节目的文化内涵和社会价值，传递积极向上的价值观。

环节安排：环节安排是内容设计的具体体现。一个合理的环节安排可以使节目更加紧凑、有序，提升观众的观看体验。在策划数字电视选秀节目时，应精心设计每一个环节，确保它们既符合节目的整体风格，又能充分展示选手的才艺和魅力。

具体来说，环节安排可以包括以下几个部分：开场表演、选手自我介绍、才艺展示、评委点评、观众投票、结果揭晓及淘汰与晋级等。每个环节都应注重细节和创意，以吸引观众的注意力并激发他们的参与热情。

（3）选手招募与选拔

选手招募：选手招募是数字电视选秀节目的基础。一个成功的选秀节目需要有一批具有潜力和魅力的选手来支撑。在策划过程中应注重选手的招募工作，制订详细的招募计划和宣传策略。

选手招募可以通过多种渠道进行，如电视台官方网站、社交媒体平台、线下活动等。在招募过程中，应注重选手的多样性和代表性，确保他们来自不同的地区、有不同的背景和才艺领域。同时，还应注重选手的素质和潜力，以确保他们能够在节目中脱颖而出。

选拔标准：选拔标准是决定选手能否晋级的关键因素。在策划数字电视选秀节目时，应制订明确的选拔标准，并确保该标准在整个选拔过程中得到严格执行。

选拔标准可以包括以下几个方面：才艺水平、原创性、表现力、观众缘及发展潜力等。在制订选拔标准时，应注重全面性和客观性，以确保选拔结果的公正性和准确性。同时，还应根据节目的定位和受众需求调整选拔标准的权重和侧重点。

(4) 赛制安排与评审机制

赛制安排：赛制安排是数字电视选秀节目的骨架。一套合理的赛制可以使节目更加有序、紧凑，并提升观众的期待感和参与度。在策划过程中，应注重赛制的创新性和多样性，以区别于其他同类型的选秀节目。

赛制安排可以包括多个阶段，例如初选、复选、半决赛和决赛等。每个阶段都应设置不同的挑战和任务，以考验选手的才艺水平和应变能力。同时，还应注重赛制的公平性和透明度，确保每个选手都有平等的机会展示自身才艺。

评审机制：评审机制是决定选手晋级或淘汰的重要环节。在策划数字电视选秀节目时，应建立公正、专业的评审机制，以确保选拔结果的准确性和权威性。

评审机制可以由专业评委和观众投票两部分组成。专业评委应由具有丰富经验和专业背景的专家组成，他们负责对选手的才艺水平进行专业评估。观众投票则可以通过电话、网络或现场投票等方式进行，以体现观众的喜好和参与度。在评审过程中，应注重专业评委和观众投票的平衡和互补，以确保选拔结果的全面性和公正性。

四、数字电影产业的创意与策划

随着科技的飞速进步，数字电影产业已成为全球娱乐业的重要组成部分，其创意与策划不仅关乎影片的艺术表现力和商业价值，更直接影响到整个产业的未来发展方向。

(一) 数字电影产业市场调研与受众分析

1. 市场调研方法论

定量研究与定性研究结合：数字电影产业的市场调研需要综合运用定量研究与定性研究方法。定量研究通过问卷调查、在线调查等方式收集大量数据，分析受众的基本信息、观影频率、偏好类型等量化指标，以揭示市场的一般规律和趋势。定性研究则通过深度访谈、焦点小组讨论等方法，深入了解受众的心理需求、情感共鸣、观影体验等质性因素，为市场细分和精准营销提供依据。

大数据与人工智能技术：随着大数据和人工智能技术的飞速发展，其在市场调研中的应用日益广泛。大数据技术能够收集并分析海量数据，揭示受众行为的内在规律和关联性；而人工智能技术则能通过机器学习、自然语言处理等技术，对受众的反馈和评论进行智能分析，提取有价值的市场信息。这些技术的应用极大地提高了市场调研的效率和准确性。

跨平台与多渠道调研：数字电影产业的市场调研需要跨越多个平台和渠道进行。除了传统的电影院线外，还需要关注在线视频平台、社交媒体、短视频平台等新兴渠道。这些渠道不仅为受众提供了丰富的观影选择，也成为市场调研的重要数据来源。通过跨平台与多渠道调研，可以全面了解受众的观影行为和偏好，为市场决策提供全面而准确的信息支持。

2. 受众群体细分

年龄与性别细分：数字电影产业的受众群体在年龄和性别上呈现多样化的特点。不同年龄段的受众对影片类型和风格的偏好各不相同。例如，年轻人更倾向于科幻、动作、奇幻等具有视觉冲击力和情节紧凑的影片；而中老年人则更偏爱剧情片、家庭片等具有情感共鸣和人文关怀的作品。性别差异也会影响受众的观影选择，男性受众可能更偏爱动作、战争等题材，而女性受众则可能更关注情感、浪漫等类型的影片。

地域与文化背景细分：地域和文化背景也是受众群体细分的重要维度。不同地域的受众，由于地理环境、经济发展水平和文化传统的差异，对影片的接受程度和偏好也会有所不同。例如，一线城市的受众可能更倾向于观看国际大片和独立电影；二三线城市的受众则可能更偏爱国产商业片和家庭娱乐片。不同文化背景的受众对影片的理解和评价也会受到其文化背景的影响。

消费能力与观影习惯细分：消费能力和观影习惯也是受众群体细分的关键因素。高消费能力的受众可能更愿意为高质量的影片付费，并追求更加舒适和个性化的观影体验；低消费能力的受众则可能更关注影片的性价比和可获得性。不同受众的观影习惯也会影响其观影选择和忠诚度。例如，经常观看电影的受众可能更倾向于成为某家影院的会员或订阅在线视频平台的会员服务；偶尔观看电影的受众则可能更注重影片的口碑和推荐。

3. 观影行为与偏好分析

观影动机与需求：受众的观影动机和需求多种多样，包括娱乐休闲、情感共鸣、知识获取、社交互动等。不同动机和需求的受众对影片的期待和评价标准也会有所不同。例如，以娱乐休闲为主要动机的受众可能更注重影片的视觉效果和情节紧凑度；而以情感共鸣为主要需求的受众则可能更关注影片的情感表达和角色塑造。

观影渠道与平台选择：随着数字化技术的发展和互联网平台的普及，受众的观影渠道和平台选择日益多样化。除了传统的电影院外，越来越多的受众选择通过在线视频平台、社交媒体、短视频平台等新兴渠道观看电影。这些渠道不仅提供了更加便捷和灵活的观影方式，还通过个性化推荐和社交互动等功能提升了受众的观影体验。

观影偏好与趋势：受众的观影偏好和趋势随着时代的变化而不断变化。近年来，随着观众审美水平的提高和多元化需求的增加，一些具有创新性、独特性和深度的影片逐渐受到人们的青睐。同时，一些热门IP的改编作品、续集和衍生作品也凭借其品牌效应和粉丝基础在市场上取得了不错的成绩。此外，随着虚拟现实（VR）、增强现实（AR）等技术的发展和应用，沉浸式观影体验也成为受众关注的焦点之一。

4. 市场趋势与预测

技术创新与产业升级：技术创新是推动数字电影产业发展的重要动力之一。随着5G、云计算、人工智能等技术的不断发展和应用，数字电影的制作、发行和放映环节将实现更加高效和智能化的升级。例如，云计算技术可以实现影片的快速剪辑和渲染；人工智能技术可以实现影片的智能推荐和个性化定制；5G技术可以实现沉浸式观影体验的普及和推广。这些技术创新将极大地提升受众的观影体验和市场竞争力。

内容创新与多元化发展：内容创新是数字电影产业持续发展的关键所在。

随着受众需求的多样化和个性化趋势的加剧，数字电影产业需要不断推出具有创新性、独特性和深度的作品满足受众的需求。同时，多元化发展也是数字电影产业的重要方向之一。通过跨界合作和资源整合等方式可以拓展新的业务领域和市场空间。例如，与游戏产业合作推出互动电影，与旅游产业合作推出实景娱乐项目等。这些多元化发展将为数字电影产业带来更多的商业机会和创新空间。

市场扩张与国际化发展：随着全球经济一体化和文化交流的加强，数字电影产业的市场扩张和国际化发展将成为重要趋势之一。通过参与国际电影节、加强国际合作和版权交易等方式，可以拓展国际市场并提升国际影响力。同时，针对不同地区和国家的文化差异和市场特点制订差异化的市场策略和推广方案，也是实现国际化发展的重要手段之一。这些市场扩张和国际化发展将为数字电影产业带来更多的商业机会和发展空间。

（二）数字电影产业内容创新与差异化策略

1. 数字电影产业内容创新的多维度分析

技术驱动的内容创新：数字技术的快速发展为电影制作提供了前所未有的创作空间。高清、4K、8K乃至更高分辨率的影像技术，让电影画面更加细腻、逼真；3D、VR、AR等技术的应用，让观众能够身临其境地感受电影世界。技术驱动的内容创新不仅提升了观众的观影体验，也丰富了电影的表现手法和叙事方式。例如，通过动作捕捉和表情捕捉技术，可以创造出高度逼真的虚拟角色；通过计算机生成图像（CGI）技术，可以构建出超越现实的奇幻场景。

叙事方式的创新：传统的线性叙事方式已经难以满足现代观众对多元化和个性化的需求。因此，数字电影产业在叙事方式上进行了大胆的创新尝试。互动式叙事允许观众参与到故事的发展中，通过做出选择影响故事的走向和结局；跨媒体叙事则通过电影、电视剧、小说、游戏等多种媒介平台讲述一个完整的故事，让观众能够从多个角度、多个层面深入了解故事背景和人物关系。这些创新的叙事方式不仅增强了观众的参与感和沉浸感，也提升了电影的吸引力和传播力。

题材与类型的多元化：数字电影产业在题材和类型上也呈现出多元化的趋势。除了传统的爱情、动作、科幻等类型外，越来越多的电影题材开始着眼于社会现实、人性探索、环境保护等深层次主题。同时，随着观众需求的多样化，一些小众题材和独立电影也开始崭露头角。这些多元化的题材和类型不仅丰富了电影市场的内容供给，也为观众提供了更多的选择空间。

文化融合与跨界合作：在全球化的背景下，文化融合与跨界合作成为数字电影产业内容创新的重要方向。通过借鉴不同国家和地区的文化元素和叙事风格，可以创作出具有独特魅力和广泛影响力的电影作品。跨界合作也为电影产业带来了新的发展机遇。例如，与游戏产业合作推出互动电影；与旅游产业合作推出实景娱乐项目等。这些跨界合作不仅拓展了电影产业的业务领域和市场空间，也为观众带来了全新的观影体验和文化享受。

2. 差异化策略在数字电影产业中的应用

精准定位目标受众：在激烈的市场竞争中，精准定位目标受众是实施差异化策略的关键。通过对受众群体的细分和分析，可以了解他们的需求、偏好和行为特点，从而为他们量身定制符合其审美取向的电影作品。例如，针对年轻受众群体可以推出具有时尚元素和青春气息的影片；针对中老年受众群体可以推出具有情感共鸣和家庭温情的影片。通过精准定位目标受众，可以提高影片的市场针对性和吸引力。

打造独特品牌形象：品牌形象是企业在市场竞争中的重要资产之一。对于数字电影产业来说，打造独特的品牌形象也是实施差异化策略的重要手段之一。通过塑造独特的品牌形象和风格特征，可以让观众在众多影片中迅速识别并记住自己的作品。例如，一些电影制作公司注重打造具有鲜明特色和辨识度的视觉风格和叙事手法；一些导演则通过持续推出高质量的作品树立自己的个人品牌。这些独特的品牌形象不仅增强了观众对作品的认知度和忠诚度，也提升了作品的市场竞争力和商业价值。

创新营销策略与服务模式：在数字化时代，创新营销策略与服务模式也是实施差异化策略的重要途径之一。通过运用大数据分析、社交媒体营销、线上线下互动等多种手段,可以精准把握受众需求和市场动态,制订出更加有效的营销策略和推广方案。通过提供个性化的观影体验和服务模式也可以增强观众的满意度和忠诚度。例如,一些在线视频平台提供会员专属内容、高清画质、无广告观看等增值服务;一些电影院则通过提供舒适的观影环境、丰富的周边商品和互动体验等方式吸引观众。这些创新的营销策略与服务模式不仅提升了观众的观影体验和服务质量,也增强了企业的市场竞争力和品牌影响力。

深化国际合作与交流:在全球化的背景下,深化国际合作与交流也是实施差异化策略的重要途径之一。通过与不同国家和地区的电影制作机构、发行商、院线等进行合作与交流,可以引进先进的制作技术和管理经验;也可以通过共同制作和推广影片拓展国际市场并提升国际影响力。例如,一些中国电影企业积极与国际知名电影制作公司合作拍摄合拍片;一些国际电影节也通过设立奖项和举办交流活动促进不同国家和地区电影文化的交流与合作。这些国际合作与交流不仅促进了电影产业的全球化发展,也为各国电影产业带来了新的机遇和挑战。

(三)数字电影产业技术融合与创新应用

1. 数字电影制作技术的融合与创新

(1)虚拟现实(VR)与增强现实(AR)技术:VR 和 AR 技术为电影制作带来了革命性的变化。VR 技术能够让观众身临其境地体验电影世界,通过头戴设备进入虚拟环境,与电影角色互动,感受沉浸式的视听盛宴。在电影制作中,VR 技术被广泛应用于场景预览、角色试镜和特效预览等环节,极大地提高了制作效率和创作自由度。AR 技术则通过在现实世界中叠加虚拟元素,创造出混合现实的视觉效果,为电影带来更加丰富和多样的表现手段。

(2)人工智能(AI)与机器学习:AI 和机器学习技术在电影制作中的应用日益广泛。从剧本创作、角色设计到特效制作、剪辑调色,AI 技术正在渗透到电影制作的各个环节。例如,AI 可以分析大量剧本数据,帮助编剧发现潜在的情节线索和角色关系;通过深度学习算法,AI 能够自动生成逼真的虚拟角色和场景；在特效制作中，AI可以优化渲染过程，提高特效的真实感和效率。此外，AI还能通过分析观众反馈和市场数据，为电影制作提供精准的数据支持。

(3) 高分辨率影像与3D打印技术：高分辨率影像技术如4K、8K乃至更高分辨率的影像采集和显示技术，使得电影画面更加细腻、逼真。这些技术不仅提升了观众的观影体验，还推动了电影制作向更高质量、更高标准的方向发展。同时，3D打印技术在电影道具和场景制作中的应用也日益广泛。通过3D打印技术，可以快速、精确地制作出各种复杂的道具和场景模型，降低了制作成本和生产周期。

2. 数字电影发行与放映技术的融合与创新

数字发行平台与流媒体服务：数字发行平台和流媒体服务的兴起彻底改变了电影的发行和观影方式。通过数字发行平台，电影可以直接面向全球观众进行在线发行和销售，无须依赖传统的院线渠道。流媒体服务则提供了更加便捷、灵活的观影方式，观众可以随时随地在多种设备上观看电影。这些技术的融合不仅拓宽了电影的受众范围，还提高了发行效率和盈利能力。

高帧率放映与激光放映技术：高帧率放映技术和激光放映技术为观众带来了更加流畅、清晰的观影体验。高帧率放映技术通过提高画面的刷新率，减少了运动模糊和拖影现象，使得画面更加流畅自然；激光放映技术则通过激光光源替代传统灯泡光源，提高了画面的亮度和色彩饱和度，使得画面更加鲜艳生动。这些技术的应用不仅提升了观众的观影体验，还推动了放映技术的升级换代。

3. 技术融合与创新应用对数字电影产业的深远影响

推动产业升级与转型：技术的融合与创新应用推动了数字电影产业的升级与转型。一方面，通过引入新技术和新模式提高了电影制作的质量和效率，降低了制作成本和周期；另一方面，通过拓展新的发行渠道和营销手段拓宽了受众范围和盈利模式，促进了产业的多元化和可持续发展。

增强观众体验与参与度：技术的融合与创新应用极大地增强了观众的观影体验和参与度。通过VR、AR等沉浸式技术，观众可以身临其境地体验电影世界；通过社交媒体等互动平台，观众可以随时随地参与电影讨论和分享观影感受；通过大数据分析等精准营销手段，观众可以获得更加个性化和贴心的服务体验。这些变化不仅提高了观众的满意度和忠诚度，还激发了观众对电影文化的热爱和追求。

促进跨界融合与创新发展：技术的融合与创新应用还促进了数字电影产业与其他产业的跨界融合与创新发展。一方面，电影产业与游戏产业、旅游产业等相结合推出了互动电影、实景娱乐等新型业态和产品；另一方面，电影产业与互联网产业、文化产业等相结合推动了数字内容产业、文化创意产业的发展和繁荣。这些跨界融合不仅为电影产业带来了新的发展机遇和市场空间，还促进了整个文化产业的协同发展和创新升级。

（四）数字电影产业营销策略与用户互动

1. 数字电影产业营销策略

精准定位与大数据分析：数字电影产业通过大数据分析技术，对目标受众进行精准定位。通过分析用户的观影习惯、兴趣爱好、社交媒体行为等数据，电影营销团队可以构建用户画像，了解不同群体的需求和偏好。基于这些数据，制订个性化的营销策略，提高营销效果。例如，对于科幻片爱好者，可以针对其兴趣推送相关电影预告和影评，吸引其关注并转化为购票观众。

社交媒体营销：社交媒体已成为电影营销的重要渠道。电影官方账号在微博、微信、抖音等平台上发布预告片、幕后花絮、演员访谈等内容，吸引粉丝关注。同时，通过发起话题讨论、在线投票、抽奖活动等方式，增加用户参与度和黏性。社交媒体营销的优势在于能够迅速传播信息，扩大影响力，并与观众建立直接的联系。

内容营销与口碑传播：优质的内容是吸引观众的关键。电影制作方通过精心策划和制作高质量的预告片、海报、宣传片等物料，展示电影的独特魅力和卖点。同时，利用影评人、意见领袖等渠道进行口碑传播，提高电影的知名度和美誉度。口碑传播的力量在于其真实性和可信度，能够有效影响潜在观众的观影决策。

合作联盟与跨界营销：数字电影产业积极寻求与其他相关产业的合作机会，形成合作联盟。例如，与电影制片厂合作，获取热门电影的放映权；与音乐公司合作，举办音乐会或音乐电影展映活动；与电商平台合作，推出电影周边商品等。通过跨界营销，不仅能够丰富电影营销的内容和形式，还能够拓宽受众范围和市场空间。

数字化票务与便捷服务：随着在线票务平台的兴起，观众购票变得更加便捷。电影产业通过与在线票务平台合作，提供在线选座、预售票、优惠折扣等服务，提高观众的购票体验和满意度。同时，利用移动支付、电子票等数字化技术，简化购票流程，提升观影效率。

2. 用户互动方式

社交媒体互动：社交媒体不仅是电影营销的重要渠道，也是用户互动的重要平台。电影官方账号在社交媒体上发布内容后，积极回应用户的评论和提问，与用户建立直接的联系。通过举办线上活动、发起话题讨论等方式，引导用户参与互动，分享观影感受和经验。这种互动方式不仅增强了用户的参与感和归属感，还能够收集用户反馈，为后续的营销和制作提供参考。

在线社区与论坛：在线社区和论坛是电影爱好者聚集的地方。电影制作方可以在这些平台上建立官方账号或合作专区，与用户进行深入的交流和互动。通过解答用户疑问、分享幕后故事、组织观影团等方式，增强用户对电影的认同感和忠诚度。同时，利用社区和论坛的影响力，扩大电影的传播范围和受众群体。

线下活动与影迷见面会：线下活动和影迷见面会是增强用户互动和体验的重要方式。电影制作方可以组织观影讲座、明星见面会、主题展览等活动，邀请观众参与并近距离接触电影创作团队和明星演员。这些活动不仅能够满足观众的追星需求，还能够增强观众对电影的认知和情感联系。通过线下互动，观众能够更加深入地了解电影背后的故事和创作过程，提升观影体验和满意度。

个性化推荐与智能营销：利用大数据和人工智能技术，电影产业可以实现个性化推荐和智能营销。通过分析用户的观影历史和偏好数据，为用户推荐符合其审美取向的电影和内容。同时,根据用户的反馈和行为数据不断优化推荐算法和营销策略,提高营销效果和用户体验。个性化推荐和智能营销的优势在于能够精准满足用户需求,提高用户黏性和忠诚度。

第二节 网络视频产业创意与策划

随着互联网的飞速发展和智能设备的普及,网络视频产业已成为数字时代的重要组成部分。它不仅改变了人们的娱乐消费习惯,还为内容创作者和平台运营者提供了广阔的舞台。在网络视频产业的激烈竞争中,创意与策划成为决定成败的关键因素。

一、内容创意:多元化与个性化并存

在网络视频产业中,内容创意是吸引用户的核心。随着用户需求的日益多样化,内容创意也呈现出多元化与个性化并存的趋势。

(一) 多元化内容布局

网络视频平台通过多元化的内容布局,满足不同用户的观看需求。这包括电影、电视剧、综艺节目、纪录片、短视频、直播等多种形式。每种形式都有其独特的吸引力和受众群体,平台需要根据自身定位和用户需求,进行精准的内容投放。例如,针对年轻用户群体,平台可以加大短视频和直播内容的投入,利用年轻用户的社交属性和碎片化时间,提高用户黏性和活跃度。

(二) 个性化内容推荐

个性化内容推荐是网络视频平台提升用户体验的重要手段。通过大数据分析和人工智能技术,平台可以分析用户的观看历史、兴趣偏好、互动行为等数据,为用户推荐符合其审美取向的视频内容。这种个性化推荐不仅提高了用户的观看满意度,还增强了用户对平台的依赖性和忠诚度。同时,平台还可以根据用户的反馈和行为数据,不断优化推荐算法,提高推荐的准确性和有效性。

二、用户分析:精准定位与深度洞察

用户分析是网络视频产业创意与策划的基础。通过对用户需求的精准定

位和深度洞察，平台可以制订出更加有效的营销策略和内容策略。

（一）用户画像构建

用户画像构建是用户分析的第一步。平台通过收集用户的基本信息、观看行为、互动数据等多维度信息，构建出用户的详细画像。这些画像包括用户的年龄、性别、地域、职业、兴趣爱好等基本信息，以及用户的观看习惯、偏好类型、活跃时段等行为特征。通过用户画像构建，平台可以更加清晰地了解用户需求和偏好，为后续的创意与策划提供有力支持。

（二）用户需求分析

在构建用户画像的基础上，平台需要进一步分析用户需求。这包括分析用户观看行为了解用户对不同类型、不同风格视频内容的偏好；分析用户互动行为，了解用户对视频内容的反馈和意见以及分析用户心理需求，了解用户在观看视频过程中的情感变化和需求满足情况。通过用户需求分析，平台可以更加精准地把握用户心理和需求变化，为内容创意和营销策略提供有力支持。

三、平台策略：差异化竞争与生态构建

在网络视频产业中，平台策略的制定对于产业的发展至关重要。差异化竞争和生态构建是平台策略的两个重要方面。

（一）差异化竞争

为了在竞争中脱颖而出，平台需要制订差异化竞争策略。这包括在内容、技术、服务等多个方面进行创新，形成独特的竞争优势。例如，在内容方面，平台可以加大对原创内容的投入力度，推出具有独特魅力和市场潜力的影视作品；在技术方面，平台可以积极应用新技术手段，提高视频内容的制作质量和传播效率；在服务方面，平台可以提供更加便捷、个性化的用户体验和服务支持。通过差异化竞争策略的实施，平台可以在市场中占据有利地位并获得更多用户的认可和支持。

（二）生态构建

生态构建是网络视频平台实现可持续发展的关键。平台需要通过构建完整的产业链和生态系统，形成内容创作、分发、变现等多个环节的闭环。这包括与影视制作公司、版权方、广告商等多个合作伙伴建立稳定的合作关系；打造开放的平台生态体系吸引更多的内容创作者和合作伙伴加入；通过数据分析和用户洞察为合作伙伴提供更加精准的市场分析和营销策略支持等。通过生态构建的实施，平台可以形成强大的产业协同效应和提升市场竞争力，实现可持续的发展和增长。

四、互动机制：增强用户参与感与黏性

互动机制是网络视频产业提升用户体验和黏性的重要手段。通过多样化的互动方式，平台可以增强用户的参与感和黏性，提高用户的活跃度和忠诚度。

（一）弹幕与评论互动

弹幕和评论是网络视频平台中最常见的互动方式之一。用户可以在观看视频的过程中发送弹幕和评论，表达自己的看法和感受，与其他观众进行交流和互动。这种互动方式不仅增强了用户的参与感和黏性，还提高了用户的观看体验和满意度。平台可以通过优化弹幕和评论功能，提高用户的互动体验和效率，例如，增加表情符号、@功能等提高用户互动的趣味性和便捷性。

（二）社交媒体分享与互动

社交媒体分享是网络视频平台扩大用户群体和提高曝光率的重要途径。用户可以将自己喜欢的视频内容分享到社交媒体平台上吸引更多的关注和互动。平台可以通过与社交媒体平台的合作和对接，提高视频内容的分享效率和曝光率，例如，提供一键分享功能、优化分享页面设计等。同时，平台还可以利用社交媒体平台的数据分析功能了解用户分享行为和偏好，为后续的创意与策划提供有力支持。

（三）直播与互动问答

直播和互动问答是网络视频平台中互动性较强的功能之一。通过直播功能，平台可以邀请明星、网红等热门人物与用户进行实时互动，解答用户的问题和疑惑，增强用户的参与感和黏性。同时，互动问答功能也可以作为直播的补充形式，让用户更加深入地了解视频内容和背后的故事，提高用户的观看体验和满意度。平台可以通过优化直播和互动问答功能，提高用户的互动体验和效率，例如，增加互动环节、提高互动质量等。

五、技术应用：创新驱动产业升级

技术应用是网络视频产业发展的重要驱动力。通过不断的技术创新和应用，平台可以提高视频内容的制作质量和传播效率，提升用户体验和满意度，推动产业升级和发展。

（一）高清视频技术

高清视频技术是网络视频产业中的基础技术之一。随着网络带宽和智能设备的不断升级，高清视频技术已经成为用户观看视频内容的基本需求之一。平台需要积极应用高清视频技术提高视频内容的清晰度和画质，满足用户对高品质视频内容的需求。同时，平台还需要关注视频编码技术、传输协议等方面的技术创新和应用，提高视频内容的传输效率和稳定性。

（二）AI与大数据技术

AI与大数据技术是网络视频产业中的前沿技术之一。通过应用AI和大数据技术，平台可以实现对用户行为的精准分析和预测，为内容创意和营销策略提供有力支持。例如，通过AI技术平台可以实现对视频内容的智能剪辑和推荐，提高用户的观看体验和满意度；通过大数据技术，平台可以实现对用户需求的深度洞察和精准定位，制订更加有效的营销策略和内容策略。同时，AI和大数据技术还可以应用于版权保护、广告投放等多个方面，推动网络视频产业的健康发展。

（三）VR/AR 技术

VR/AR 技术是网络视频产业中的新兴技术之一。通过应用 VR/AR 技术，平台可以为用户提供更加沉浸式的观看体验，增强用户的参与感和黏性。例如，通过 VR 技术，用户可以在家中享受到影院级别的观影体验；通过 AR 技术，用户可以在观看视频的过程中与虚拟角色进行互动，增加观看的趣味性和互动性。虽然目前 VR/AR 技术还面临着设备成本高、内容缺乏等问题，但是，随着技术的不断发展和普及，VR/AR 技术有望成为网络视频产业的重要发展方向之一。

第三节　手机媒体的创意与策划

一、手机媒体的内容创新

(一) 内容形态的多样化

手机媒体打破了传统媒体内容形态的单一性，通过图文、音频、视频等多种形式呈现内容，满足了用户多样化的信息需求。

1. 图文结合

手机媒体可以共同展示图片和文字，使得内容更加直观、生动。例如，新闻报道可以通过配图和简短文字说明，快速传达信息要点。

2. 音频内容

随着音频技术的发展，手机媒体上的音频内容也越来越丰富。例如，播客、有声书、音频新闻等成为用户获取信息的新途径。这些音频内容不仅便于用户在碎片时间进行收听，还提供了不同于文字的阅读体验。

3. 视频内容

视频是手机媒体内容创新的重要方向之一。短视频、直播、长视频等多种形式满足了用户对于视频内容的不同需求。短视频以其短小精炼、易于传播的特点迅速走红；直播则提供了实时互动的体验；长视频则适合深度内容的展示和观看。

(二) 内容生产的 UGC 化

用户生成内容（user generated content，UGC）在手机媒体中占据重要地位。用户不再仅仅是内容的消费者，更是内容的生产者和传播者。

1. 用户参与度高

手机媒体平台鼓励用户创作和分享内容，通过设立创作奖励、话题挑战等方式激发用户的创作热情。这种 UGC 模式不仅丰富了平台的内容库，还增强了用户的参与感和归属感。

2. 内容多样化

UGC 模式使得手机媒体上的内容更加多样化。用户来自不同的背景、领域和兴趣点，他们创作的内容涵盖新闻、娱乐、教育、科技等多个方面。这种多样化的内容满足了不同用户的需求和兴趣点。

（三）内容传播方式的创新

手机媒体通过创新的内容传播方式，提高了内容的传播效率和覆盖面。

1. 社交化传播

手机媒体平台通常与社交媒体紧密结合，用户可以通过分享、点赞、评论等方式将内容传播给更多人。这种传播方式不仅提高了内容的曝光率，还增强了用户之间的互动和交流。

2. 个性化推荐

利用大数据和人工智能技术，手机媒体平台可以实现个性化内容推荐。通过分析用户的浏览历史、兴趣偏好等数据，平台可以为用户推荐符合其喜好的内容。这种个性化推荐提高了用户的观看满意度和黏性。

3. 多渠道分发

手机媒体平台通过多渠道分发内容，扩大了内容的传播范围。例如，将优质内容同步到微博、微信、抖音等社交媒体平台，吸引更多潜在用户的关注和观看。

（四）内容创新的挑战与应对

1. 内容同质化

随着 UGC 模式的普及，手机媒体上的内容同质化现象日益严重。为应对这一挑战，平台需要加强内容审核和筛选机制，鼓励原创和高质量内容的创作和分享。

2. 版权问题

在用户生成内容（user cenerated content，UGC）模式下，版权问题成为亟待解决的问题之一。平台需要建立健全的版权保护机制，保障创作者的合法权益不受侵犯。

3. 用户体验优化

随着用户需求的不断变化和升级，手机媒体平台需要不断优化用户体验。这包括提高内容的加载速度、优化界面设计、增强互动功能等方面。通过不断提升用户体验，平台可以吸引更多用户并保持用户的长期活跃度和忠诚度。

二、手机媒体的用户洞察

（一）用户基础特征分析

1. 年龄与性别分布

手机媒体的用户群体广泛，但不同年龄和性别的用户在使用习惯和需求上存在差异。例如，年轻用户更倾向于使用短视频、直播等娱乐功能，而中老年用户可能更注重新闻资讯和健康养生类内容。

性别方面，虽然整体差异可能不如年龄明显，但某些特定类型的应用或内容可能更受某一性别的用户欢迎。

2. 地域差异

不同地区的用户由于文化、经济、教育等因素的差异，对手机媒体的使用习惯和需求也会有所不同。例如，一线城市用户可能更关注国际新闻、时尚潮流等内容，而农村用户可能更关心农业信息、生活实用技巧等。

（二）用户行为分析

1. 使用时长与频率

用户每天使用手机媒体的时长和频率是评估用户黏性的重要指标。通过分析这些数据，可以了解用户对不同类型内容的偏好程度及使用习惯。

例如，短视频平台因其内容的短小精悍和高度娱乐性，往往能吸引用户长时间停留和频繁使用。

2. 内容偏好

用户对不同类型内容的偏好是手机媒体内容创新的重要依据。通过分析用户的浏览记录、点赞、评论等行为数据，可以获取用户对新闻、娱乐、教育、购物等不同类型内容的兴趣点。

随着个性化推荐算法的普及，平台能够更精准地推送符合用户口味的内容，进一步提升用户体验和黏性。

3. 互动行为

用户在社交媒体上的互动行为（如点赞、评论、分享等）反映了其对内容的认可度和传播意愿。通过分析这些互动数据，可以评估内容的质量和影响力，为后续的内容创作和营销策略提供参考。

（三）用户心理与需求洞察

1. 情感需求

手机媒体不仅是信息获取和娱乐消遣的工具，更是用户情感交流和心理慰藉的重要渠道。通过分析用户在社交媒体上的言论，可以了解用户的情感需求和心理状态。

在特定社会事件或节日期间，用户可能会通过社交媒体表达情感、寻求共鸣或获取支持。平台可以抓住这些时机推出相关主题的内容或活动，满足用户的情感需求并增强用户黏性。

2. 功能需求

随着手机媒体功能的不断丰富和完善，用户对功能的需求也日益多样化。通过分析用户反馈和调研数据，可以了解用户对现有功能的满意度及潜在的功能需求。

用户对隐私保护、支付安全、个性化推荐等方面的需求日益增长，平台需要不断优化现有功能并开发新功能以满足用户需求。

三、手机媒体的平台策略

在手机媒体领域，平台策略的制订对于产业的发展至关重要。差异化竞争和生态建设是平台策略的两个重要方面。

（一）差异化竞争

面对激烈的市场竞争，手机媒体平台需要制订差异化竞争策略。这包括在内容、技术、服务等多个方面进行创新，形成独特的竞争优势。例如，在内容方面，平台可以加大对原创内容的投入力度，推出具有独特魅力和市场潜力的作品；在技术方面，平台可以积极应用新技术手段，提高内容的制作质量和传播效率；在服务方面，平台可以提供更加便捷、个性化的用户体验和服务支持。通过差异化竞争策略的实施，平台可以在市场中脱颖而出并获得更多用户的认可和支持。

（二）生态建设

生态建设是手机媒体平台实现可持续发展的重要途径。平台需要通过构建完整的产业链和生态系统，形成内容创作、分发、变现等多个环节的闭环。这包括与影视制作公司、版权方、广告商等多个合作伙伴建立稳定的合作关系，打造开放的平台生态体系，吸引更多的内容创作者和合作伙伴加入。通过数据分析和用户洞察为合作伙伴提供更加精准的市场分析和营销策略支持。通过生态建设的实施，平台可以形成强大的产业协同效应和市场竞争力，实现可持续发展。

四、手机媒体的技术融合

（一）技术融合的背景与驱动力

1. 数字化技术的发展

随着数字技术、计算机网络技术和移动通信技术的飞速发展，手机媒体作为新兴媒体形态，具备强大的信息处理能力和传播速度。

2. 用户需求的变化

用户对信息的需求日益多样化、个性化，要求手机媒体能够提供更加丰富、便捷、高质量的信息服务。

3. 市场竞争的加剧

为了在激烈的市场竞争中脱颖而出，手机媒体平台需要不断创新，通过技术融合提升用户体验和平台竞争力。

（二）技术融合的具体表现

1. 移动通信技术与互联网的融合

移动通信技术与互联网的深度融合，使得手机媒体能够随时随地接入互联网，获取海量信息。这种融合不仅提高了信息传输的速度和效率，还极大地丰富了手机媒体的内容和服务形式。

用户可以通过手机浏览器访问各种网站、使用社交媒体应用、观看在线视频等，实现信息的即时获取和分享。

2. 多媒体技术的融合

手机媒体汇集了音频、视频、图像、文字等多种媒体形式，通过多媒体技术的融合，能够提供更加丰富、生动的信息展示方式。例如，新闻资讯可以通过图文结合、视频直播等多种形式呈现，提高用户的阅读体验和兴趣度。

3. 人工智能技术的融合

人工智能技术在手机媒体中的应用日益广泛，包括智能推荐、语音识别、自然语言处理等。这些技术的应用，使得手机媒体能够根据用户的兴趣和行为习惯，提供更加个性化的信息服务。例如，智能推荐算法可以根据用户的浏览历史和兴趣偏好，推荐相关的新闻、视频等内容；语音识别技术则可以实现语音输入和语音搜索等功能，提高用户的操作便捷性。

4. 物联网技术的融合

物联网技术的发展为手机媒体提供了更多的应用场景和可能性。通过物联网技术，手机媒体可以与其他智能设备实现互联互通，提供更加智能化、便捷化的服务。例如，智能家居系统可以通过手机 APP 进行远程控制和管理；智能穿戴设备可以通过手机 APP 进行数据同步和分析等。

（三）技术融合带来的影响与挑战

1. 影响

技术融合使得手机媒体的功能更加全面、强大，用户体验得到显著提升。同时，也为手机媒体平台带来了更多的商业机会和发展空间。

技术融合促进了媒体行业的创新和发展，推动了媒体融合战略的深入实施。

2. 挑战

技术融合也带来了一些挑战，如数据安全与隐私保护、技术标准的统一与互操作性等问题。这些问题需要手机媒体平台和相关机构共同努力解决。

五、手机媒体的互动营销

手机媒体互动营销是指利用手机这一便携、普及度高的媒体平台,通过精准的目标受众定位,传递个性化、即时的营销信息,并与消费者进行深度互动,以达到品牌宣传、产品推广、用户转化等市场沟通目标。这种营销方式不仅突破了传统媒体的限制,更在实时性、互动性和个性化方面展现出巨大潜力。

(一) 手机媒体互动营销的特点

1. 即时性与便捷性

手机作为随身携带的通信工具,使得营销信息能够即时触达用户,不受时间和地点的限制。用户也可以随时随地通过手机参与互动活动,提高了营销的便捷性和效率。

2. 高度互动性

与传统单向传播的营销方式不同,手机媒体互动营销强调用户与品牌之间的双向互动。用户可以通过点赞、评论、分享等方式表达对内容的喜好和态度,品牌则可以根据用户反馈及时调整营销策略,形成良性循环。

个性化与精准化:利用大数据和人工智能技术,手机媒体互动营销可以实现对目标受众的精准画像,根据用户的兴趣、行为等特征提供个性化的营销信息和服务,提高营销的针对性和有效性。

社交属性强:手机媒体与社交媒体紧密结合,使得营销信息能够借助社交关系链迅速传播。用户之间的口碑推荐、分享转发等行为,进一步放大了营销效果,形成了强大的社交影响力。

(二) 手机媒体互动营销策略

1. 内容为王,创意制胜

多样化内容形式:结合图文、视频、音频等多种形式的内容,丰富用户的阅读体验,提高内容的吸引力和传播力。

创意内容策划:通过独特的故事讲述、趣味性的互动环节等方式,激发用户的兴趣和好奇心,增强内容的记忆点和传播点。

2. 互动活动，促进参与

线上互动活动：利用社交媒体平台举办抽奖、投票、问答等线上互动活动，吸引用户参与并分享传播。

线下联动体验：结合线下门店、展会等活动，通过扫码关注、现场体验等方式引导用户参与互动，增强品牌与用户的连接感。

3. 精准推送，提升效果

用户画像构建：通过大数据分析构建用户画像，深入了解用户的兴趣偏好、购买行为等特征。

个性化推送策略：根据用户画像制订个性化的推送策略，如定向广告、精准营销信息等，提高信息的到达率和转化率。

4. 社群运营，增强黏性

建立社群：通过微信群、QQ群、品牌社区等方式建立用户社群，聚集有共同兴趣和需求的用户群体。

社群内容运营：定期发布有价值的内容、组织社群活动、解答用户疑问等，增强社群的活跃度和用户黏性。

意见领袖/网红合作：邀请行业内的意见领袖或网红参与社群互动，利用其影响力扩大品牌曝光度和用户参与度。

（三）手机媒体互动营销效果评估

对手机媒体互动营销的效果进行评估是优化营销策略、提升营销效果的重要环节。评估内容主要包括以下几个方面。

1. 用户参与度

通过统计用户参与互动活动的数量和质量评估用户的参与度和积极性。具体指标包括点赞数、评论数、分享数等。

2. 品牌曝光度

通过监测品牌在互联网上的曝光次数和范围评估品牌曝光度的提升情况。可以利用社交媒体平台的数据分析工具获取相关数据指标如浏览量、转发量等。

3. 销售转化率

通过对比营销活动前后的销售量评估销售转化率的变化情况。同时，还需要关注用户的购买路径、购买动机等信息,以便更深入地了解营销活动对用户购买行为的影响。

4. 用户反馈

通过收集和分析用户对营销活动的反馈意见评估活动的满意度和改进方向。可以通过问卷调查、在线评论等方式获取用户反馈意见并根据反馈结果调整营销策略。

第四节 数字出版业创意与策划

一、数字出版基础

数字出版，源于 Digital Publishing 一词，是随着计算机技术、通信技术、网络技术等高新技术的发展而兴起的一种新型出版方式。它不仅涉及传统出版内容的数字化转型，更是一个融合了多种技术手段和全新商业模式的文化产业。下面详细介绍数字出版的界定和特点。

（一）数字出版的界定

数字出版可以从多个维度进行界定。

1. 从字面意义上理解，数字出版即"数字化的出版"，它涵盖传统出版业数字化的全部过程和结果，同时也包括新兴的数字媒体形式。具体来说，数字出版是指利用数字技术对出版物的内容进行加工和处理，并通过互联网等数字化渠道传播其产品的出版活动。这种活动强调数字化技术在出版流程中的核心作用，无论是内容的生产、管理，还是产品的形态和传播渠道，都实现了数字化。

新闻出版总署发布的《2005—2006 中国数字出版产业年度报告》将数字出版定义为：使用数字化的技术从事的出版活动。这一定义强调了技术手段在数字出版中的核心地位。《2007—2008 中国数字出版产业年度报告》进一步明确了数字出版的边界，指出它既包括传统出版业数字化的全部过程和结果，也包括新兴的数字媒体，两者开始相互渗透、相互融合。

2. 从实际操作层面来看，数字出版涉及版权、编辑、发行、支付平台及最终的服务模式等多个环节。它不仅仅是在网上直接编辑出版内容，也不仅仅是将传统纸质出版物扫描成电子版，而是一种依托传统资源，利用数字化工具进行立体化传播的方式。数字出版涵盖电子图书、数字报纸、数字期刊、网络原创文学、网络教育出版物、网络地图、数字音乐、网络动漫、网络游戏、数据库出版物、手机出版物等多种形式。

（二）数字出版的特点

1. 内容生产数字化

数字出版的首要特点是内容生产的数字化。传统出版物的生产主要依赖于纸质载体和印刷技术，数字出版则通过计算机等数字设备，利用二进制数字编码技术将图像、文字、影音等内容整合成数字产品。这种数字化生产方式不仅提高了生产效率，还使得内容的编辑、修改和更新变得更加便捷。

2. 管理过程数字化

数字出版的管理过程也实现了数字化。通过采用先进的信息管理系统，数字出版机构能够对各个出版流程进行实时监控和协调，确保出版项目的顺利进行。数字化的管理方式还使得出版产品的质量控制更加严格，出版数据的整理、规范、更新也更加及时和准确。

3. 产品形态数字化

数字出版的产品形态以数字化为主，如电子图书、数字报纸、数字期刊等。这些数字化产品具有存储量大、检索便捷、便于保存、成本低廉等优点。它们可以通过互联网等数字化渠道进行传播和销售，大大提高了产品的可达性和便利性。

4. 传播渠道网络化

数字出版的传播渠道主要是互联网等数字化渠道。用户可以通过手机、平板电脑、电子阅读器等手持终端或 PC 端访问数字出版产品。这种网络化的传播方式打破了传统出版物的地域限制和时间限制，使得出版产品的传播更加广泛和迅速。

5. 即时性和传播性强

数字出版物具有即时性和传播性强的特点。一旦产品发布到网络上，用户就可以随时随地进行访问和阅读。这种即时获取和便捷阅读的方式大大提高了用户的阅读体验和满意度。同时，数字出版物还可以通过网络进行快速传播和分享，进一步提升其影响力。

6. 互动性强

数字出版还具有较强的互动性。通过在线评论、读者反馈等功能，数字出版机构可以及时收集用户意见和建议,对出版产品进行优化和改进。这种互动性的增强不仅提高了用户的参与感和满意度,还有助于数字出版机构更好地了解市场需求和趋势。

7. 盈利模式多样

数字出版的盈利模式多样且灵活。除了传统的销售盈利模式外,数字出版还可以通过广告收入、会员订阅、IP授权等多种方式实现盈利。这种多样化的盈利模式为数字出版者提供了更多的收入来源和发展空间。

8. 环保低碳

数字出版还具有环保低碳的特点。相比传统纸质出版物需要大量纸张和油墨等资源,数字出版物则完全以数字化形式存在和传播,无须实体载体和印刷过程。这不仅减少了对自然资源的消耗和浪费,还有助于降低碳排放和保护环境。

(三) 数字出版的类型

数字出版作为出版业的一个重要分支,其类型多样,涵盖多种数字化内容和传播形式。以下将详细介绍数字出版的几种主要类型。

1. 按内容形态分类

(1) 电子图书 (E-books)

定义:电子图书是指以数字代码方式将图、文、声、像等信息存储在磁、光、电介质上,通过计算机或类似设备阅读使用,并可复制发行的大众传播媒体。它是最早出现的数字出版形态之一。

特点:存储量大、携带方便、检索迅速、易于复制传播等。

发展:随着电子阅读器的普及和移动互联网的发展,电子图书市场持续增长。

(2) 数字报纸与数字期刊

定义:数字报纸和数字期刊是将传统纸质报纸和期刊的内容转化为数字化后,通过网络平台发布的出版物。

特点:实时更新、互动性强、多媒体融合等。用户可以随时随地访问最新内容,并参与讨论和反馈。

发展：随着媒体融合的推进，越来越多的传统报纸和期刊开始转型为数字形态，同时也有新兴的数字媒体专注于这一领域。

(3) 网络原创文学

定义：网络原创文学是指在网络上首发并以网络为主要传播渠道的文学作品。

特点：题材广泛、更新迅速、互动性强等。作者与读者之间可以即时交流反馈，促进作品的创作和传播。

发展：随着网络文学的兴起和IP开发的热潮，网络原创文学已成为数字出版领域的重要组成部分。

(4) 数据库出版物

定义：数据库出版物是指将大量信息按照一定规则组织起来存储在计算机中，供用户查询和使用的出版物。

特点：信息量大、检索便捷、数据共享等。数据库出版物广泛应用于学术研究、商业决策等领域。

发展：随着大数据技术的发展和应用场景的拓展，数据库出版物的市场需求不断增长。

2. 按传播渠道分类

(1) 网络出版

定义：网络出版是指通过互联网平台发布和传播数字内容产品的方式。

特点：传播范围广、速度快、互动性强等。网络出版打破了地域和时间的限制，使得数字内容能够迅速覆盖全球用户。

形式：包括电子图书商城、在线期刊数据库、网络文学平台等。

(2) 手机出版

定义：手机出版是指利用手机等移动终端设备发布和传播数字内容产品的方式。

特点：便携性强、个性化程度高、用户黏性强等。随着智能手机的普及和移动互联网的发展，手机出版成为数字出版领域的重要增长点。

形式：包括手机阅读应用、彩信、彩铃、手机报纸、手机期刊、手机小说、手机游戏等。

(3) 电子出版

定义：电子出版是一个相对宽泛的概念，涵盖所有利用电子手段进行内容编辑、加工和传播的活动。

特点：综合网络出版和手机出版的特点，具有灵活性高、适应性强等优势。

形式：包括电子书、数字杂志、电子期刊、网络课程等多种形式。

3. 其他特殊类型

(1) 按需出版

定义：按需出版是指根据市场需求实时印刷和发行出版物的出版方式。

特点：库存成本低、响应速度快、个性化定制等。按需出版解决了传统出版中库存积压和浪费的问题，提高了出版效率和市场响应速度。

应用：广泛应用于学术著作、专业书籍、艺术作品等领域。

(2) 跨媒体出版

定义：跨媒体出版是指将同一内容以多种媒体形式进行发布和传播的出版方式。

特点：内容多元化、传播渠道多样化、用户体验丰富等。跨媒体出版通过整合不同媒体的优势资源，为用户提供更加全面化和个性化的阅读体验。

案例：如某部热门小说的电子书、有声书、漫画、电影等多种形式的开发和推广。

二、数字出版技术

(一) 数字出版技术的定义与内涵

数字出版技术是指利用计算机技术、通信技术、网络技术及多媒体技术等现代信息技术手段，对出版物的内容进行数字化处理、编辑、存储、传播和展示的一系列技术集合。它打破了传统出版业在内容生产、编辑加工、复制发行等方面的限制，实现了出版流程的全面数字化和出版产品的多样化。数字出版技术不仅提高了出版效率，降低了成本，还极大地丰富了出版物的表现形式和传播渠道，满足了读者日益增长的多元化、个性化阅读需求。

（二）数字出版技术的发展历程

数字出版技术的发展可以追溯到计算机技术的兴起。随着计算机技术的不断进步和互联网的普及，数字出版技术逐渐从理论走向实践。早期的数字出版主要依赖于简单的文本格式转换和网页发布技术，表现形式单一，互动性差。随着数字多媒体技术的快速发展，数字出版物开始融入音频、视频、动画等多种媒体元素，表现形式更加丰富多样。同时，移动互联网的兴起为数字出版提供了更加便捷的传播渠道，使得读者可以随时随地获取所需内容。

近年来，随着大数据、人工智能、云计算等前沿技术的不断融入，数字出版技术迎来了新的发展机遇。这些技术为数字内容的精准推送、个性化定制、智能编辑等方面提供了有力支持，推动了数字出版产业的持续创新和发展。

（三）数字出版技术的关键技术

数字出版技术涉及多个关键技术领域，这些技术共同构成了数字出版产业链的核心竞争力。

1. 内容数字化技术

包括文本识别、图像扫描、音频录制、视频采集等技术，用于将传统出版物中的文字、图片、音频、视频等内容转化为数字格式，为后续编辑加工和传播提供基础数据。

2. 数字编辑加工技术

利用专业的编辑软件和工具对数字化后的内容进行整理、校对、排版、设计等工作，确保内容的准确性和美观性。同时，还支持多媒体元素的融合处理，提升出版物的表现力和吸引力。

3. 数字版权保护技术

包括数字水印、加密技术、数字版权管理（DRM）系统等，用于保护数字内容不被非法复制和传播，维护创作者和出版商的合法权益。这些技术的应用有效促进了数字出版产业的健康发展。

4. 内容分发与传播技术

基于互联网和移动网络的数字内容分发平台和技术，能够将编辑加工完成的数字内容快速推送给目标用户。这些平台支持多种终端设备的接入和适配，确保用户可以在任何时间、任何地点获取所需内容。

5. 数据分析与个性化推荐技术

利用大数据和人工智能技术对用户行为数据进行深度挖掘和分析，获取用户的阅读习惯和偏好。基于这些数据，可以为用户提供个性化的内容推荐和定制服务，提升用户体验和满意度。

（四）数字出版技术的具体实现方式

1. 电子书制作技术

电子书是数字出版领域最为常见的形式之一。电子书制作技术主要包括文本编辑、格式转换、封面设计等环节。通过专业的电子书制作软件，可以将纸质书籍的内容数字化，并转换成适合不同阅读设备的格式（如 EPUB、PDF 等）。同时，还可以为电子书添加多媒体元素（如音频、视频、动画等），提升用户的阅读体验。

2. 数字报纸与期刊技术

数字报纸和期刊的制作与传播也依赖于一系列先进的技术手段。这些技术包括内容管理系统（CMS）、自动化排版软件、多媒体编辑工具等。通过这些技术，可以实现报纸和期刊内容的实时更新、多媒体融合和个性化推送等功能。基于云计算和大数据技术的分析工具还可以帮助出版商更好地了解用户需求和市场趋势，为内容创作和营销策略提供数据支持。

3. 网络原创文学平台技术

网络原创文学平台是数字出版领域的重要组成部分。这些平台通过提供便捷的在线创作、编辑和发布工具，吸引了大量作者和读者参与。网络原创文学平台技术主要包括内容管理系统（CMS）、用户行为分析系统、社交互动功能等。通过这些技术，可以实现作品的快速发布、用户评论和反馈的实时收集及作者与读者之间的紧密互动等功能。

4. 数据库出版技术

数据库出版是指将大量信息按照一定规则组织起来存储在计算机中，供用户查询和使用的出版方式。数据库出版技术主要包括数据采集与清洗、数据组织与管理、数据检索与挖掘等环节。通过专业的数据库管理系统（DBMS）和数据分析工具，可以实现数据的高效存储、快速检索和深度挖掘等功能。这些技术在学术研究、商业决策等领域具有广泛应用价值。

（五）数字出版技术的发展趋势

1. 多媒体融合与交互性增强

数字出版物注重多媒体元素的融合和交互性的增强。未来的数字出版物将不仅是文字和图片的组合，还将包含音频、视频、动画等多种媒体形式，并通过超链接、互动问答等方式实现与读者的实时互动。

2. 个性化定制与精准营销

基于大数据和人工智能技术的个性化定制和精准营销将成为数字出版领域的重要趋势。通过对用户行为数据的分析和挖掘，出版商可以了解用户的兴趣和需求，并为其推荐个性化的内容产品和服务。同时，通过精准营销策略的应用，可以提高数字出版物的销售效率和用户满意度。

3. 移动阅读与碎片化学习

随着智能手机的普及和移动互联网的发展，移动阅读和碎片化学习将成为数字出版领域的重要方向。未来的数字出版物将更加适应移动设备的屏幕尺寸和阅读习惯，提供便捷的在线阅读和下载功能。同时，针对碎片化学习的需求，出版商还可以开发一系列短小精悍的数字内容产品供用户随时随地进行学习。

4. 版权保护与智能化管理

版权保护和智能化管理是数字出版技术发展的重要保障。随着数字内容的不断增多和传播渠道的多样化，版权保护问题日益突出。未来的数字出版技术将更加注重版权保护技术的研发和应用，如数字水印、加密技术等。同时，智能化管理技术的应用也将提高数字内容生产、存储、传播等各个环节的效率和安全性。

三、数字出版产业链

数字出版产业链条是一个复杂而多维的系统，涵盖从内容创作到最终用户消费的全过程。

（一）产业链构成

数字出版产业链主要由以下几个环节构成。

1. 内容创作

内容创作是数字出版产业链的起点，包括文字、图片、音频、视频等多种形式的创作。内容创作者通过撰写文章、拍摄照片、制作音乐等方式，将信息和想法转化为可传播的数字产品。这一环节的核心是内容的创新和质量，它们直接决定了后续环节的价值和读者的接受程度。

2. 编辑加工

编辑加工环节对内容进行筛选、整合和编辑，确保内容的准确性和专业性。编辑人员负责审稿、润色、归类和排版等工作，使内容更加精细化和符合出版要求。这一环节也涉及版权管理，确保内容的合法性和原创性。

3. 出版发行

出版发行是指经过编辑加工的内容转化为可供读者购买或获取的产品。出版发行机构负责市场调研、制订出版计划、进行数字化加工（如扫描、OCR 识别、格式转换等）及通过网络平台进行销售和推广。在数字出版时代，出版发行过程中的载体已从传统的纸质媒介转变为电子媒介，如电子书、电子期刊、在线数据库等。

4. 技术提供商

技术提供商在数字出版产业链中扮演着至关重要的角色。他们为数字出版提供必要的技术支持，包括数字内容格式转换、数字版权保护、内容分发平台搭建等。技术提供商的参与使得数字内容的传播更加高效和安全。

5. 平台服务商

平台服务商负责搭建数字内容分发平台，将上游提供的内容进行整合、分类，并通过各种渠道推送给用户。这些平台可能是移动网络运营商、电子书刊出版商、高科技网络公司等。平台服务商通过收费下载、阅读、广告和流量点击等方式获得收入。

6. 销售商与终端用户

销售商包括网络电商平台、书店或发行集团等传统分销商和零售商,他们从上游和中游环节获取数字内容,并通过自己的渠道进行销售。终端用户则是数字内容的最终消费者,他们通过购买或订阅的方式获取所需的数字内容。

(二)产业链特点

1. 多维性与复杂性

数字出版产业链比传统出版的线性链状复杂得多,涉及多个环节和参与者。不同的数字出版业务产业链形态无法复制,每个环节都有其独特的价值和作用。

2. 技术与创新的驱动

数字出版产业链的发展离不开技术的支持和创新。随着人工智能、大数据、云计算等技术的不断进步,数字出版商能够更精准地分析读者的阅读习惯和喜好,实现个性化推荐和精准营销。同时,新技术也为数字出版带来了全新的阅读体验,如虚拟现实、增强现实等技术的应用。

3. 版权保护的重要性

在数字出版产业链中,版权保护是确保创作者和出版者合法权益的关键环节。随着盗版和侵权行为的普遍存在,加强版权保护成为产业链各环节的共同责任。

市场竞争与合作并存:数字出版市场竞争激烈,但同时也存在着广泛的合作机会。产业链各环节的企业需要不断创新转型,寻找新的商业模式和盈利点。通过合作实现资源共享和优势互补也是提升产业链整体效益的重要途径。

(三)产业链发展趋势

1. 内容质量与创新的提升

因读者对内容质量要求的不断提高,数字出版商将更加注重内容的创新和优化。推出更多具有独特性和吸引力的原创内容将成为产业链发展的重要趋势。

2. 技术与融合的深化

技术不断进步和融合应用的深化，数字出版产业链将更加完善和高效。新技术如人工智能、大数据等将为数字出版的编辑、发行、推广等环节提供更多可能性。

3. 版权保护的加强

版权保护意识的提高和法律法规的完善，数字出版产业链中的版权保护将得到进一步加强。这将为原创作品提供更好的生存环境，促进产业链的健康发展。

4. 跨界融合的拓展

数字出版将与其他相关领域如影视、游戏、动漫等进行更紧密的融合。这种跨界融合不仅可以丰富数字出版的内容形态，还可以拓展其商业模式和盈利渠道，为市场注入新的活力。

四、数字出版产业创意与策划的要点

（一）用户导向：以读者需求为核心

用户导向是数字出版创意与策划的首要原则。在策划过程中，必须深入了解目标读者的需求和习惯，以用户满意度为出发点，制定针对性的策划方案。这要求策划人员具备敏锐的市场洞察力和用户分析能力，通过问卷调查、用户访谈、数据分析等手段，精准刻画用户画像，明确产品的目标用户群体及其需求特点。

在内容创作上，要注重内容的实用性和可读性，确保内容能够满足读者的实际需求。同时，要关注读者的阅读体验，通过优化排版设计、增加互动元素等方式，提升读者的阅读愉悦感。同时，还可以利用个性化推荐算法等技术手段，为读者提供定制化的内容服务，增强用户黏性。

（二）创新性：打造独特竞争优势

创新性是数字出版创意与策划的核心竞争力所在。在激烈的市场竞争中，只有具备独特创新性的产品才能脱颖而出，吸引读者的眼球。因此，在策划过程中要注重创新思维的运用，不断探索新的内容形式、传播渠道和商业模式。

在内容创新方面，要敢于突破传统框架，尝试新的题材、风格和表现手法。例如，可以结合当下热点话题和社会现象，创作具有时代感和现实意义的作品；或者引入虚拟现实（VR）、增强现实（AR）等新技术手段，为读者带来全新的阅读体验。

在传播渠道创新方面，要充分利用互联网和移动互联网的优势，拓展传播渠道。例如，可以通过社交媒体、短视频平台等新兴媒体进行内容推广；或者与电子书阅读器、有声书平台等合作，实现内容的多渠道分发。

在商业模式创新方面，可以探索付费阅读、会员制、广告植入等多种盈利模式，为数字出版产业创造更多的商业价值。

（三）多样化：满足不同读者需求

多样化是数字出版创意与策划的重要特征之一。随着读者需求的日益多元化和个性化，数字出版产品必须提供多样化的内容和功能以满足不同读者的需求。

在内容多样化方面，要注重题材、风格和表现手法的多样性。例如，可以涵盖文学、艺术、科技、教育等多个领域的内容；或者提供电子书、有声书、视频课程等多种形式的产品以满足不同读者的阅读偏好。

在功能多样化方面，要注重产品的互动性和实用性。例如，可以加入书签、笔记、搜索等功能方便读者阅读和管理；或者提供社区交流、在线问答等服务，增强读者的参与感和归属感。

（四）可持续性：注重长期发展规划

可持续性是数字出版创意与策划的重要原则之一。在策划过程中要注重长期可持续发展的考虑，不仅要满足当前的市场需求，还要预测未来的发展趋势，提前进行规划布局。

为了实现可持续发展，数字出版企业需要加强品牌建设和内容积累。通过打造知名品牌和积累优质内容资源，可以吸引更多的读者和合作伙伴为企业的长期发展奠定坚实基础。同时，还需要关注技术发展趋势和市场变化，及时调整产品策略以适应市场变化。

（五）数据驱动：科学决策优化方案

数据驱动是数字出版创意与策划的重要手段之一。通过收集和分析用户数据、市场数据等信息，可以科学决策，优化产品策划方案，提高用户体验和产品竞争力。

在数据收集方面要注重数据的全面性和准确性。可以通过用户注册信息、阅读行为数据、交易记录等多种途径收集数据，确保数据的全面覆盖和准确性。在数据分析方面，要运用先进的数据分析技术和工具，对数据进行深入挖掘和分析，发现数据背后的规律和趋势，为产品策划提供有力支持。

（六）敏捷迭代：快速响应市场变化

敏捷迭代是数字出版创意与策划的重要能力之一。在快速变化的市场环境中，数字出版企业需要具备敏捷迭代的能力，及时调整产品策略，快速响应市场需求保持竞争力。

为了实现敏捷迭代，企业需要建立灵活高效的产品开发流程，注重团队协作和沟通，确保各环节之间的顺畅衔接。同时，还需要关注市场动态和用户反馈，及时调整产品功能和界面，优化用户体验，提高产品满意度。

（七）合作共赢：建立良好合作关系

合作共赢是数字出版创意与策划的重要策略之一。在数字化时代，单打独斗已经难以适应市场发展的需要，数字出版企业需要与相关企业、机构及合作伙伴建立良好的合作关系，共同推进产品的发展和推广实现互惠互利。

在合作过程中，要注重互利共赢的原则，明确各方的责任和权益，确保合作的顺利进行。同时，还需要注重合作关系的长期性和稳定性，通过定期沟通、资源共享等方式，加强合作关系的维护和发展。

（八）法律合规：确保合法合规运营

法律合规是数字出版创意与策划的重要保障之一。在数字化时代，版权保护、信息安全等问题日益凸显，数字出版企业需要严格遵守相关法律法规和行业规范，确保产品的合法合规运营，保护用户权益并避免可能的法律风险。

为了实现法律合规，企业需要加强版权管理和信息安全防护工作，建立健全的版权保护机制和信息安全管理制度。同时，还需要关注相关法律法规的动态变化，及时调整产品策略，以符合法律法规的要求。

第五章 数字文化产业发展途径

第一节 数字文化产业的基础构建

在探讨数字文化产业的发展途径时,基础构建是至关重要的一环。它不仅为产业的持续增长和创新提供了坚实的支撑,还决定了产业在未来竞争中的核心竞争力。数字文化产业的基础构建涉及技术创新与融合、基础设施建设及数字化转型策略等多个方面。

一、技术创新与融合

技术创新是数字文化产业发展的核心驱动力。随着信息技术的飞速发展,人工智能、大数据、云计算、区块链、5G等新兴技术不断涌现,为数字文化产业带来了前所未有的变革机遇。这些技术的创新与应用,不仅改变了文化产品的生产方式、传播渠道和消费模式,还催生了大量新兴业态和商业模式。

(一)人工智能(AI)的应用

人工智能(AI)在数字文化产业中的应用日益广泛。通过机器学习、自然语言处理等技术,人工智能(AI)能够实现内容创作、个性化推荐、智能审核等功能。例如,在影视制作领域,可以辅助编剧创作剧本,提高创作效率和质量;在视频平台,能够根据用户的观看历史和兴趣偏好,精准推送个性化内容,提升用户体验。此外,还在文化资源的数字化保护、修复和再利用方面发挥着重要作用。

(二) 大数据与云计算的支撑

大数据和云计算为数字文化产业提供了强大的数据处理和存储能力。通过收集和分析用户行为数据、市场趋势数据等，企业可以更加精准地把握市场需求和用户偏好，从而制订有效的营销策略和产品规划。同时，云计算的弹性扩展能力使得文化企业能够快速响应市场变化，灵活调整业务规模和服务范围。在数字博物馆领域，云计算技术使得海量文物数字资源得以高效存储和共享，为公众提供了更加丰富便捷的参观体验。

(三) 区块链的赋能

区块链技术的去中心化、透明性和不可篡改性特点，为数字文化产业的知识产权保护、版权交易和信任机制构建提供了新思路。通过区块链技术，文化作品的创作、发行、交易等环节都可以被记录和追溯，有效防止盗版和侵权行为的发生。区块链还可以促进文化资源的跨界融合和创新应用，为文化产业带来新的增长点。例如，"数文链"的推出就是区块链技术在文化产业应用中的一个典型案例，它通过构建数字资产的确权、流通和存管业务闭环，推动数字文化产业向标准化、规模化、可交易方向发展。

(四) 5G技术的推动

5G技术的高速率、低时延和大连接特性为数字文化产业的传播渠道和表现形式带来了革命性变化。在5G环境下，超高清视频、虚拟现实（VR）、增强现实（AR）等新型媒体形态得以广泛应用，为用户提供了更加沉浸式的文化体验。5G还促进了文化产业与其他产业的深度融合和创新发展，如智慧旅游、在线教育等领域，都迎来了新的发展机遇。

二、基础设施建设

基础设施建设是数字文化产业发展的物质基础。为了支撑产业的快速发展和创新需求，必须加快建设和完善一系列数字基础设施。

（一）数据中心与云平台

数据中心和云平台是数字文化产业的重要基础设施之一。通过建设高效、安全、可扩展的数据中心和云平台，可以增强企业数据处理和存储的能力，支持大规模并发访问和高可用性需求。云平台还可以提供丰富的 API 接口和开发工具，降低企业的技术门槛和成本投入，促进产业生态的繁荣发展。例如，阿里云、腾讯云等国内领先的云服务商已经为众多文化企业提供了全面的云解决方案和技术支持。

（二）"云、网、端"一体化基础设施

完善"云、网、端"一体化基础设施是数字文化产业发展的必然要求。其中，"云"指的是云计算平台和服务；"网"指的是高速、稳定、安全的网络传输体系；"端"则是指各种智能终端设备和应用场景。通过构建"云、网、端"一体化基础设施，可以实现文化资源的数字化采集、网络化传输和智能化处理，打通数字文化产业链条的各个环节。例如，在智慧博物馆领域，通过建设智能导览系统、虚拟现实展示平台等终端应用，结合云计算平台和高速网络传输体系，可以为观众提供更加便捷、丰富、互动的观看体验。

（三）移动互联网基础设施建设

移动互联网是数字文化产业传播和消费的重要渠道之一。为了支撑移动互联网的快速发展和创新需求，必须加快建设和完善移动互联网基础设施。这包括加强 4G、5G 网络覆盖、优化网络性能和质量、推广移动支付和物联网技术等方面。通过加强移动互联网基础设施建设，可以推动数字文化产品和服务在移动端的广泛应用和创新发展。例如，在短视频领域，通过利用移动互联网的便捷性和普及性特点，抖音、快手等平台迅速崛起并吸引了大量年轻用户的关注和参与。

三、数字化转型策略

数字化转型是数字文化产业发展的必由之路。为了顺利实现数字化转型

目标并提升企业的核心竞争力，必须制订科学合理的数字化转型策略。

（一）创新式转型策略

创新式转型策略强调以技术创新为引领，通过引入新技术、新模式和新业态推动产业的创新发展。这种策略适用于具有较强创新能力和市场敏锐度的企业。在实施创新式转型策略时，企业需要注重技术研发和人才培养投入，积极探索新技术在文化产业中的应用场景和商业模式创新点。同时，还需要加强与其他企业和机构的合作与交流，共同推动产业的创新发展。

（二）精益式转型策略

精益式转型策略强调从业务痛点切入，通过优化流程和提升效率推动产业的转型升级。这种策略适用于面临业务瓶颈或成本压力较大的企业。在实施精益式转型策略时，企业需要深入分析自身业务流程中存在的问题和不足之处，并采取相应的改进措施优化流程、提升效率和质量水平。同时还需要注重数据分析和市场反馈收集工作，以便及时调整策略方向并优化资源配置效率水平。

（三）跃进式转型策略

跃进式转型策略强调通过颠覆性创新和重构商业模式推动产业的跨越式发展。这种策略适用于处于行业领先地位或具有较强战略眼光的企业。在实施跃进式转型策略时，企业需要敢于突破传统思维模式和行业惯例束缚，积极探索新的商业模式和市场机会点，并通过大规模投入和资源整合加速推动产业转型升级进程。同时，还需要注重风险管理和合规性审查工作，以确保转型过程的顺利进行并降低潜在风险水平。

数字文化产业的基础构建涉及技术创新与融合、基础设施建设及数字化转型策略等多个方面。只有全面加强这些方面的建设和完善工作，才能为数字文化产业的持续健康发展提供有力保障和支持。未来，随着技术的不断进步和市场环境的不断变化，数字文化产业的基础构建工作也将面临更多新的挑战和机遇，需要我们不断探索和创新，以适应时代发展的需要。

第二节 内容创新与多样化发展

在数字文化产业中,内容创新与多样化发展是推动产业持续繁荣和竞争力提升的关键。随着技术的不断进步和消费者需求的日益多样化,数字文化产业必须不断创新内容形式,丰富文化内涵,以满足市场的多元化需求,实现产业的可持续发展。

一、原创内容的培育与扶持

原创内容是数字文化产业的核心竞争力。为了推动产业的创新发展,必须加强对原创内容的培育与扶持。

(一)激发创意活力

数字文化产业应鼓励创作者发挥想象力,挖掘独特的文化元素和故事题材,打造具有吸引力的原创作品。通过设立创意基金、举办创意大赛等方式,激发创作者的积极性,挖掘潜在的创意型人才。

(二)提供政策支持

政府和相关机构应制定有利于原创内容发展的政策,如提供资金扶持、税收优惠等方式,降低创作者的创作成本和风险。同时,建立健全的知识产权保护机制,保障创作者的合法权益,激发他们的创作热情。

(三)搭建交流平台

建立原创内容交流平台,促进创作者、投资者、发行者等产业各方的沟通与合作。通过定期举办研讨会、论坛等活动,分享创作经验,探讨市场趋势,推动原创内容的商业化进程。

二、内容多样化与差异化策略

为了满足消费者的多元化需求,数字文化产业必须注重内容的多样化和差异化发展。

（一）拓展内容题材

数字文化产业应涵盖广泛的内容题材，包括历史、文化、艺术、科技、娱乐等领域。通过深入挖掘不同题材的文化内涵和独特价值，打造具有吸引力的数字文化产品。

（二）创新表现形式

在内容表现形式上，数字文化产业应积极探索新的技术手段和艺术表现形式，如虚拟现实（VR）、增强现实（AR）、全息投影等。通过创新的表现形式，提升数字文化产品的沉浸感和互动性，增强消费者的体验感受。

（三）实施差异化策略

针对不同的目标受众和市场需求，数字文化产业应实施差异化策略。通过精准定位、个性化推送等方式，提供符合消费者偏好和需求的内容产品和服务。同时，注重品牌的打造和推广，形成具有辨识度和影响力的数字文化品牌。

三、跨界合作与 IP 开发

跨界合作与 IP 开发是数字文化产业实现内容创新与多样化发展的重要途径。

（一）加强跨界合作

数字文化产业应积极寻求与其他产业的跨界合作，如与旅游、教育、体育等领域的融合。通过跨界合作，引入新的元素和资源，丰富数字文化产品的内涵和形式，拓展市场空间。

（二）深入挖掘 IP 价值

知识产权（IP）是数字文化产业的重要资产。企业应深入挖掘自有 IP 的价值，通过改编、衍生等方式，开发出一系列相关的数字文化产品。同时，还要积极引进和合作外部优质 IP，丰富产品线，提升市场竞争力。

（三）打造 IP 生态链

围绕核心 IP，构建完整的生态链，包括内容创作、生产制作、宣传推广、渠道发行等各个环节。通过整合产业链资源，实现 IP 价值的最大化利用，推动数字文化产业的持续发展。

四、技术创新与内容创新的融合

技术创新是内容创新的重要驱动力。数字文化产业应充分利用新兴技术的优势，推动内容创新的实现。

（一）应用新技术手段

积极引入和应用新技术手段，如人工智能、大数据、云计算等，提升数字文化产品的创作效率和质量。通过技术手段的辅助，实现内容的智能化生成、个性化推荐等功能，提升用户体验。

（二）探索新艺术形式

结合新兴技术的发展，积极探索新的艺术形式。例如，利用虚拟现实技术打造沉浸式的艺术体验空间，利用增强现实技术为传统艺术作品赋予新的生命力。通过对新艺术形式的探索，丰富数字文化产业的内涵和表现形式。

（三）推动产业技术升级

加强产业技术升级和创新，提升数字文化产业的技术水平和核心竞争力。通过研发新技术、优化生产流程等方式，降低生产成本，提高产品质量和效率。同时，注重技术人才的培养和引进，为产业的持续发展提供有力支撑。

五、市场需求分析与定位

在内容创新与多样化发展的过程中，市场需求的分析与定位至关重要。

只有准确把握市场需求和消费者偏好，才能创作出符合市场需求的优质内容。

（一）深入了解市场需求

通过市场调研、数据分析等方式，深入了解市场需求和消费者偏好。关注行业动态和趋势，把握市场发展的机遇和挑战。同时，注重收集用户反馈和意见，不断改进和优化产品和服务。

（二）精准定位目标受众

根据市场需求和消费者偏好，精准定位目标受众。通过细分市场和受众群体，制订差异化的内容策略和推广方案。注重品牌形象的塑造和推广，提高品牌知名度和美誉度。

（三）灵活调整内容策略

随着市场环境和消费者需求的变化，灵活调整内容策略。关注新兴技术和新兴市场的发展动态，及时调整内容创作和推广方向。同时，注重与其他产业的融合和创新发展，拓展新的市场空间和增长点。

六、案例分析与经验借鉴

在内容创新与多样化发展的过程中，对成功案例的分析和经验借鉴具有重要意义。通过学习和借鉴成功案例的经验和做法，可以为数字文化产业的发展提供有益的参考和启示。

（一）分析成功案例

选取国内外在内容创新与多样化发展方面取得成功的案例进行深入分析。关注其创作理念、市场表现、商业模式等方面的特点和优势。通过案例分析，提炼出可借鉴的经验和做法。

（二）借鉴先进经验

积极借鉴国内外在内容创新与多样化发展方面的先进经验。关注行业动态和趋势，学习先进企业的创新理念和实践经验。通过经验借鉴和学习交流，不断提升自身的创新能力和市场竞争力。

（三）创新实践应用

将成功案例的经验和先进企业的做法应用到自身的实践中。结合自身的实际情况和市场环境，制订切实可行的创新策略和实施方案。注重实践应用的创新和探索，不断推动数字文化产业的内容创新与多样化发展。

第三节　市场拓展与营销策略

一、市场需求分析与定位

(一) 市场需求分析

数字文化产业涵盖动漫、游戏、影视、音乐、艺术等多个领域,这些领域在数字技术的赋能下,市场需求持续增长。随着人们生活水平的提高和消费观念的转变,对高质量、个性化的数字文化产品和服务的需求日益增强。特别是年轻一代,他们成长于数字时代,对数字技术有着天然的亲近感和依赖感,是数字文化产品的主要消费群体。

随着5G、AI、大数据等技术的普及和应用,数字文化产业的边界不断拓展,新的应用场景和商业模式层出不穷。例如,虚拟现实(VR)、增强现实(AR)技术的应用,为影视、游戏等领域带来了全新的沉浸式体验;区块链技术则在版权保护、数字艺术品交易等方面展现出巨大潜力。

(二) 市场定位

针对数字文化产业的市场需求特点,企业应明确自身的市场定位。一方面,可以根据目标消费群体的特征和需求,开发符合其偏好的数字文化产品。例如,针对年轻消费群体,可以推出具有时尚元素、互动性强、易于分享的数字文化产品;针对专业用户群体,则可以提供高质量、专业化的数字内容服务;另一方面,企业还可以根据自身在产业链中的位置和资源优势,确定在市场中的差异化竞争策略。例如,拥有丰富版权资源的企业可以专注于版权运营和分发;技术实力雄厚的企业则可以致力于技术创新和产品研发。

二、营销策略创新与执行

(一) 营销策略创新

在数字文化产业中,营销策略的创新是推动市场拓展的关键。企业可以从以下 4 个方面入手。

1. 内容为王

在数字文化产业中，优质的内容是吸引用户的核心。企业应注重内容的原创性和独特性，通过深入挖掘文化内涵和创意元素，打造具有吸引力的数字文化产品。还可以利用大数据、AI 等技术手段，对用户需求进行精准分析，实现内容的个性化定制和精准推送。

2. 跨界融合

数字文化产业具有高度的跨界融合性。数字文化企业可以与其他行业进行跨界合作，共同开发新的应用场景和商业模式。例如，与旅游业合作推出数字文旅项目；与教育行业合作开发在线教育课程等。通过跨界融合，企业可以拓宽市场边界，实现资源共享和优势互补。

3. 社交营销

社交媒体已成为数字时代的重要营销渠道。企业可以利用微博、微信、抖音等社交媒体平台，通过内容营销、KOL 合作等方式，提高品牌曝光度和用户黏性。同时，还可以利用社交媒体的互动性特点，与用户进行实时互动和反馈收集，不断优化产品和服务。

4. 技术驱动

数字技术是推动数字文化产业发展的核心动力。企业应加大在技术研发方面的投入，不断推出具有创新性和领先性的数字文化产品。例如，利用 AI 技术实现内容的智能生成和分发；利用区块链技术实现版权的可追溯和可信任等。通过技术驱动，企业可以在市场中保持领先地位和竞争优势。

（二）营销策略执行

在营销策略执行过程中，企业需要注重以下 3 个方面。

1. 团队协作

营销策略的执行需要企业内部各部门的紧密协作和配合。企业应建立跨部门协作机制，确保各部门在营销策略执行过程中的信息共享和资源整合。同时，还需要加强对营销团队的培训和管理，提高其专业素养和执行能力。

2. 渠道整合

数字文化产业的营销渠道多样化,包括线上渠道和线下渠道。企业应根据目标消费群体的特点和需求,选择合适的营销渠道进行整合推广。例如,对于年轻消费群体,可以重点布局线上渠道;对于专业用户群体,则可以通过线下活动和专业展会等方式进行推广。通过渠道整合,企业可以实现营销资源最大化利用。

3. 效果评估

营销策略的执行效果需要通过数据评估进行量化。企业应建立完善的营销效果评估体系,对营销活动的数据进行收集和分析,包括曝光量、点击率、转化率等指标。通过数据评估,企业可以及时了解营销策略的执行效果和市场反馈情况,为后续的营销策略调整和优化提供依据。

三、线上线下融合推广

(一)线上推广策略

线上推广是数字文化产业的重要营销手段之一。企业可以通过以下方式进行线上推广。

1. 搜索引擎优化(SEO)

通过优化网站结构和内容,提高网站在搜索引擎中的排名和曝光度。这有助于吸引更多的潜在用户访问网站并了解产品和服务。

2. 社交媒体营销

利用微博、微信、抖音等社交媒体平台发布有价值的内容吸引用户关注,并与用户进行互动,收集反馈。同时,还可以通过社交媒体广告投放提高品牌曝光度和用户黏性。

3. 内容营销

通过创作高质量的文章、视频、图片等内容吸引用户关注并分享传播。内容营销有助于提升品牌形象和用户忠诚度,并带动相关产品的销售增长。

4. 电商平台合作

与京东、天猫等电商平台合作,开设官方旗舰店或参加促销活动,利用平台的流量优势和用户基础扩大销售规模和提高品牌知名度。

(二) 线下推广策略

线下推广也是数字文化产业不可或缺的一部分。企业可以通过以下三种方式进行线下推广。

1. 实体店铺体验

在核心商圈或人流量大的地方开设实体店铺或体验中心，让消费者亲身体验数字文化产品的魅力和价值。实体店铺体验有助于提升品牌形象和用户信任度，并促进销售转化。

2. 活动营销

通过举办主题展览、文化沙龙、新品发布会等活动吸引用户关注和参与。活动营销有助于增强品牌与用户的互动性和黏性，并提升品牌知名度和美誉度。

3. 跨界合作

与其他行业进行跨界合作共同举办活动或推出联名产品。跨界合作有助于拓宽市场边界和吸引更多潜在用户关注，并提升品牌的综合竞争力和影响力。

(三) 线上线下融合推广策略

在数字文化产业中，线上线下融合推广已成为一种趋势。企业可以通过以下三种方式实现线上线下融合推广。

1. O2O 模式

将线上流量引导至线下实体店铺进行消费体验和服务提供；同时，将线下用户引导至线上平台进行产品购买和互动反馈。O2O 模式有助于实现线上线下资源的互补和协同，提高整体营销效率和用户满意度。

2. 数字化营销工具

利用二维码、AR、VR 技术等数字化营销工具实现线上线下无缝对接和互动体验。例如，在实体店铺中设置二维码引导用户扫描关注公众号或下载 APP；利用 AR、VR 技术提供沉浸式的产品体验和服务展示等。数字化营销工具有助于提升用户体验和参与度,并促进销售转化和口碑传播。

3. 数据驱动决策

通过收集和分析线上线下用户数据实现精准营销和个性化推荐。企业可以利用大数据技术对用户行为轨迹、消费偏好等信息进行深入挖掘和分析,为营销策略的制定和执行提供有力支持。还可以根据数据反馈及时调整和优化营销策略组合,确保营销效果的最大化实现。

第四节 产业融合与协同发展

一、产业融合的内涵与意义

（一）产业融合的内涵

产业融合是指不同产业之间或同一产业内部不同行业之间，通过技术、业务、市场等方面的相互渗透与交叉，形成新的产业形态或增长点的过程。在数字文化产业领域，产业融合主要表现为文化与科技的深度融合，以及数字文化产业与其他产业的跨界融合。这种融合不仅打破了传统产业的边界，还催生了新的商业模式、服务形态和经济增长点。

（二）产业融合的意义

产业融合对数字文化产业的发展具有重要意义。第一，产业融合有助于推动文化产业的转型升级。通过引入数字技术，文化产业可以实现内容的创新、生产方式的变革和传播渠道的拓展，从而提升文化产业的核心竞争力和市场影响力。第二，产业融合有助于促进经济社会的全面发展。数字文化产业与其他产业的融合，可以带动相关产业链条的延伸和拓展，促进产业结构的优化升级和经济增长方式的转变。第三，产业融合能激发创新创业活力，培育新的经济增长点，为经济社会的可持续发展注入强大动力。

二、数字文化产业与其他产业的融合实践

（一）与旅游业的融合

数字文化产业与旅游业的融合是近年来的一大亮点。通过运用虚拟现实（VR）、增强现实（AR）、大数据等技术手段，旅游业可以打造更加丰富的旅游体验场景和个性化旅游服务。例如，"一部手机游云南"项目就充分利用了物联网、云计算、大数据等技术，为游客提供了便捷的智慧旅游服务体验。

数字文化产业还可以与旅游业合作开发文化主题旅游产品,如主题公园、文化街区等,将文化元素融入旅游活动中,提升旅游的文化内涵和附加值。

(二) 与教育业的融合

数字文化产业与教育业的融合也是大势所趋。随着在线教育、远程教育的兴起,数字文化产品成为教育领域的重要资源。通过引入数字动漫、网络文学、在线音乐等数字文化产品,教育行业可以丰富教学内容和形式,提高学生的学习兴趣和积极性。数字文化产业还可以与教育业合作开发在线教育平台、数字教育资源库等项目,推动教育资源的共享和优化配置。

(三) 与制造业的融合

数字文化产业与制造业的融合主要体现在文化创意设计与制造业的结合上。通过将文化创意元素融入制造业产品中,可以提升产品的附加值和市场竞争力。例如,一些家具、服装、饰品等制造业企业开始注重产品的文化设计元素,推出具有独特文化风格和审美价值的产品。此外,数字文化产业还可以与制造业合作开发数字化生产线、智能制造系统等项目,推动制造业向智能化、个性化方向发展。

(四) 与金融业的融合

数字文化产业与金融业的融合也是不可忽视的趋势。随着文化产业的快速发展和市场规模的不断扩大,金融资本对文化产业的投资力度也在不断加大。数字文化产业可以通过与金融业合作开展版权质押融资、文化产业投资基金等项目,拓宽融资渠道和降低融资成本。金融业还可以为数字文化产业提供风险管理、资产评估等专业服务,支持其发展壮大。

三、协同发展的策略与路径

(一) 加强政策引导和支持

政府应加强对数字文化产业融合发展的政策引导和支持力度。通过制定相关产业政策和规划,引导社会资本投向数字文化产业领域;通过税收优惠、财政补贴等方式,降低企业成本负担;通过搭建公共服务平台、建立产学研用合作机制等方式,促进技术创新和成果转化。

(二) 推动产业链上下游协同发展

数字文化产业应加强与产业链上下游企业的协同合作,形成产业联动效应。上游企业可以专注于内容创作和技术研发,为下游企业提供优质的文化资源和技术支持;下游企业则可以专注于市场开拓和渠道建设,将上游企业的文化资源和技术成果转化为市场价值。通过产业链上下游的协同合作,可以实现资源共享和优势互补,推动整个产业的快速发展。

(三) 构建开放合作的生态系统

数字文化产业应构建开放合作的生态系统,吸引更多企业和机构参与其中,共同推动产业融合发展。通过搭建开放合作平台、建立产业联盟等方式,促进不同领域、不同行业之间的交流与合作;通过举办行业会议、展览等活动,加强企业之间的沟通和了解,推动产业合作项目的落地实施。同时,还应积极引进外资和先进技术,推动产业国际化发展。

(四) 强化人才培养和引进

人才是数字文化产业融合发展的关键要素之一。应加强对数字文化产业人才的培养和引进力度,打造高素质的人才队伍。通过高校、科研机构等渠道,培养具有创新精神和实践能力的人才;通过引进海外高层次人才和团队,提升产业的国际竞争力;通过建立激励机制和培训体系,激发人才的创新创造活力,推动产业持续发展壮大。

(五) 注重创新驱动和品牌建设

创新驱动和品牌建设是数字文化产业融合发展的重要保障。应加大对数字文化产业技术创新的投入力度,推动关键技术的研发和应用;加强知识产权保护力度,维护市场秩序和公平竞争环境;注重品牌建设,提升数字文化产品的知名度和美誉度，增强市场竞争力。同时，还应注重文化内涵的挖掘和传承，推动数字文化产业与传统文化产业的融合发展，形成具有中国特色的数字文化产业体系。

第五节 人才培养与组织创新

一、人才培养的重要性与挑战

(一) 人才培养的重要性

在数字文化产业中,人才是推动产业发展的核心力量。随着技术的不断进步和市场竞争的日益加剧,对高素质、复合型、创新型人才的需求越来越迫切。人才培养的重要性主要体现在以下三个方面。

第一,人才培养是提升产业竞争力的关键。拥有高素质的人才队伍,企业能够在技术创新、产品开发、市场拓展等方面占据优势,从而在激烈的市场竞争中脱颖而出。

第二,人才培养是推动产业转型升级的重要支撑。数字文化产业正处于快速发展阶段,需要不断引入新技术、新理念、新模式。通过人才培养,可以培养出一批具有前瞻性和创新能力的领军人物和核心团队,为产业的转型升级提供智力支持。

第三,人才培养是促进产业可持续发展的基础。数字文化产业是一个知识密集型产业,需要不断吸收新知识、新技术保持其创新活力。通过人才培养,可以建立起一支稳定的人才队伍,为产业的长期发展提供源源不断的动力。

(二) 人才培养面临的挑战

尽管人才培养在数字文化产业中具有重要地位,但当前也面临着一些挑战。

一是人才供需矛盾突出。随着产业的快速发展,对人才的需求量不断增加,但市场上符合要求的人才却相对稀缺。这导致企业在招聘、培训等方面面临较大压力。

二是人才培养机制不完善。目前,一些企业在人才培养方面还存在机制不健全、投入不足、培训内容与实际需求脱节等问题。这影响了人才培养的效果和质量。

三是人才流失问题严重。由于市场竞争激烈、薪酬待遇不公、职业发展空间有限等原因，一些优秀的人才可能会选择离开企业，企业人才流失严重。这不仅影响了企业的正常运营，还可能造成核心技术、商业秘密的泄露。

二、组织创新的内涵与意义

（一）组织创新的内涵

组织创新是指企业在组织结构、管理模式、运营流程等方面进行的创新性变革，以适应市场变化、优化资源配置、提高运营效率、激发内部活力等目标。在数字文化产业中，组织创新主要体现在以下几个方面。

一是组织结构的创新。传统的层级式组织结构可能无法满足数字文化产业快速响应市场、灵活决策的需求。因此，一些企业开始尝试扁平化、网络化、项目制等新型组织结构，以提高组织的灵活性和适应性。

二是管理模式的创新。数字文化产业强调创新、协作、共享等价值观。因此，企业在管理模式上也需要进行相应的创新，如引入敏捷管理、精益创业等新型管理理念和方法。

三是运营流程的创新。数字文化产业的生产和运营流程具有数字化、网络化、智能化等特点。因此，企业需要对传统的运营流程进行重构和优化，以提高生产效率和运营质量。

（二）组织创新的意义

组织创新在数字文化产业中具有以下重要意义。

组织创新有助于提升企业的市场响应速度。通过优化组织结构和管理模式，企业可以更加灵活地应对市场变化，快速调整战略和业务模式；有助于优化资源配置。通过创新运营流程和管理模式，企业可以更加有效地利用资源，提高资源利用效率和运营效益；有助于激发内部活力。通过引入新型管理理念和方法，企业可以激发员工的创新精神和团队协作能力，提高企业的整体竞争力和创新能力。

三、人才培养与组织创新的互动关系

人才培养与组织创新在数字文化产业中相互促进、相互依存。具体来说，它们之间存在以下互动关系。

人才培养是组织创新的基础。没有高素质的人才队伍，企业很难进行有效的组织创新。因此，企业需要重视人才培养，建立起一支具有创新精神和实践能力的人才队伍，为组织创新提供有力的人才保障。

组织创新为人才培养提供平台。通过组织创新，企业可以创造出更加有利于人才培养的环境和条件。例如，扁平化的组织结构可以为员工提供更多的发展机会和晋升空间；敏捷管理的管理模式可以激发员工的创新精神和团队协作能力等。

人才培养与组织创新相互推动。人才培养可以推动组织创新的不断深入和发展；而组织创新又可以为人才培养提供更加广阔的空间和舞台。二者相辅相成、相互促进，共同推动数字文化产业的持续进步和转型升级。

四、实施策略与路径

为了有效实施人才培养与组织创新策略，数字文化产业需要采取以下四种具体路径和措施。

（一）完善人才培养机制

企业需要建立完善的人才培养机制，包括制定明确的人才培养计划、投入足够的培训资源、建立有效的激励机制等。通过这些措施，企业可以吸引和留住优秀的人才，并为他们提供充分的成长和发展空间。

企业需要注重培养员工的创新能力和实践能力。数字文化产业是一个不断创新和发展的产业，需要员工具备较强的创新能力和实践能力。因此，企业可以通过开展创新培训、实践项目等方式，提升员工的创新能力和实践能力。

企业需要建立多元化的人才队伍。数字文化产业涉及多个领域和学科，需要不同类型和背景的人才共同合作。因此，企业需要注重引进和培养多元化的人才队伍，包括技术人才、市场人才、管理人才等。

（二）推动组织创新实践

企业需要尝试新型的组织结构和管理模式。例如，可以引入扁平化、网络化、项目制等新型组织结构，提高组织的灵活性和适应性；可以引入敏捷管理、精益创业等新型管理理念和方法，激发员工的创新精神和团队协作能力。

企业需要优化运营流程和提高资源利用效率。数字文化产业的生产和运营流程具有数字化、网络化、智能化等特点。因此，企业需要对传统的运营流程进行重构和优化，以提高生产效率和运营质量；同时还需要注重资源的合理配置和利用效率的提高。

企业需要注重内部文化的建设和创新氛围的营造。内部文化是企业发展的灵魂和动力源泉。因此，企业需要注重内部文化的建设和创新氛围的营造，鼓励员工积极创新、勇于尝试、敢于挑战传统思维和做法。

（三）加强产学研用合作

产学研用合作是推动数字文化产业人才培养和组织创新的重要途径。通过产学研用合作，企业可以与高校、科研机构等建立紧密的合作关系，共同开展人才培养、技术研发、成果转化等工作。

（1）企业可以与高校、科研机构等共同开展人才培养工作。通过联合培养、实习实训等方式，将企业的实际需求与高校、科研机构的教学资源相结合，培养出更加符合市场需求的高素质人才。

（2）企业可以与高校、科研机构等共同开展技术研发工作。通过合作研发、技术转移等方式，将高校的科研成果转化为企业的实际生产力，推动企业的技术创新和产品升级。

（3）企业可以与高校、科研机构等共同开展成果转化工作。通过共同申请专利、推广新技术新产品等方式，将企业的技术创新成果转化为实际的经济效益和社会效益。

（四）强化政策支持与引导

政府在推动数字文化产业人才培养和组织创新方面也发挥着重要作用。政府可以通过制定相关政策、提供财政支持、建立公共服务平台等方式支持和引导产业的发展。

(1) 政府可以制定相关的人才培养和组织创新政策。通过出台相关政策和规划引导和鼓励企业加强人才培养和组织创新工作；同时，还可以通过税收优惠、财政补贴等方式降低企业的成本和风险。

(2) 政府可以提供财政支持和资金扶持。通过设立专项基金、提供贷款贴息等方式支持企业进行人才培养和组织创新工作；同时，还可以通过政府采购、项目招投标等方式优先支持具有创新能力和发展潜力的企业。

(3) 政府还可以建立公共服务平台和产业联盟。通过建立公共服务平台和产业联盟为企业提供更加便捷和高效的服务；同时，还可以通过组织行业会议、展览等活动加强企业之间的交流和合作，促进产业的协同发展。

第六节 案例分析与经验借鉴

一、案例分析的重要性

(一) 理论与实践的结合

案例分析是理论与实践相结合的有效方式。通过对具体案例的研究,可以将抽象的理论知识应用于实际情境中,检验其适用性和有效性。案例分析还能揭示出实践中存在的问题和挑战,为理论的进一步完善提供实证基础。

(二) 借鉴与启示

案例分析的重要价值在于其借鉴与启示作用。成功案例蕴含着丰富的管理智慧和创新思维,通过对这些案例的深入研究,可以提炼出成功的关键因素和有效策略,为其他企业或地区提供有益的参考和借鉴。

(三) 推动产业创新

案例分析还有助于推动产业创新。通过对不同案例的比较分析,可以发现产业发展的新趋势、新技术、新模式,为企业的战略调整和转型升级提供决策依据。案例分析还能激发企业的创新意识和实践能力,推动产业向更高层次、更高水平发展。

二、具体案例分析

(一) 腾讯的数字文化产业布局

腾讯作为中国领先的互联网科技企业,在数字文化产业领域有着广泛的布局和深厚的积累。腾讯通过投资并购、自主研发等方式,构建了涵盖游戏、音乐、阅读、动漫、影视等多个领域的数字文化生态系统。

1. 案例分析

战略布局：腾讯注重长期规划和战略布局，通过投资并购的方式，快速进入新兴领域，同时加强自主研发能力，确保在核心技术和内容上保持领先地位。

内容创新：腾讯在游戏、音乐、动漫等领域不断推出创新内容，满足用户多样化的需求。同时，腾讯还注重与传统文化产业的融合，推动传统文化的数字化传承和创新发展。

平台建设：腾讯构建了完善的数字文化平台体系，包括游戏平台、音乐平台、阅读平台等，为用户提供便捷、高效的服务体验。同时，腾讯还通过大数据、人工智能等技术手段优化平台运营，提升用户黏性和活跃度。

2. 经验借鉴

注重长期规划和战略布局，确保企业在快速变化的市场环境中保持领先地位；加强内容创新，满足用户多样化的需求，同时注重与传统文化的融合与创新；构建完善的平台体系，优化用户服务体验，提升用户黏性和活跃度。

（二）故宫博物院的数字化转型

故宫博物院作为中国最大的古代文化艺术博物馆，近年来在数字化转型方面取得了显著成效。通过数字化技术的应用，故宫博物院不仅提升了文物保护和展示水平，还拓展了文化传播渠道和方式。

1. 案例分析

数字化保护：故宫博物院利用数字化技术，对文物进行高精度扫描和三维建模，实现了文物的数字化保护和永久保存。同时，故宫博物院还建立了完善的文物数据库和管理系统，为文物的科学研究和展示提供了有力支持。

数字化展示：故宫博物院通过虚拟现实（VR）、增强现实（AR）等先进技术手段，为观众提供了沉浸式的观展体验。观众可以在家中或博物馆内通过数字设备观看到文物的三维模型、高清图片和互动解说等内容。

文化传播：故宫博物院积极拓展文化传播渠道和方式，通过社交媒体、在线展览、数字出版物等多种形式向全球观众传播中华优秀传统文化。故宫博物院还与其他文化机构和科技企业开展合作，共同推动数字文化产业的创新发展。

2. 经验借鉴

利用数字化技术提升文物保护和展示水平,实现文物的永久保存和科学研究;通过先进技术手段提供沉浸式观展体验,满足观众多样化的需求;拓展文化传播渠道和方式,推动优秀传统文化的全球传播和创新发展。

三、经验借鉴与启示

(一) 创新驱动发展

在数字文化产业中,创新驱动发展是核心要义。无论是腾讯的数字文化产业布局还是故宫博物院的数字化转型,都体现了创新在推动产业发展中的重要作用。应该注重培养创新意识和实践能力,鼓励企业加大研发投入和技术创新力度,推动产业向更高层次、更高水平发展。

(二) 跨界融合共生

数字文化产业是一个跨界融合共生的产业形态。不同领域、不同行业之间的交叉融合可以产生新的业态模式和商业模式。应该注重跨界合作和资源共享,推动数字文化产业与其他产业的深度融合和创新发展。同时,还应该加强国际交流与合作,引进国外先进理念和技术手段,提升我国数字文化产业的国际竞争力。

(三) 用户需求导向

用户需求是数字文化产业发展的根本动力。无论是内容创新还是平台建设都需要以用户需求为导向进行设计和优化。应该注重市场调研和用户反馈收集工作,深入了解用户需求和偏好变化趋势;同时,加强用户体验设计和优化工作,提升用户服务质量和满意度水平,最终实现用户价值与产业价值的共同提升和双赢局面。

(四) 政策支持与引导

政策支持与引导在推动数字文化产业发展中具有重要作用。政府可以通过制定相关政策和规划引导和鼓励企业加大投入力度、优化资源配置、提升创新能力；同时，还可以通过财政补贴、税收优惠等手段降低企业运营成本、提高盈利能力，最终推动数字文化产业实现健康可持续发展目标。

参考文献

[1] 宋奇慧. 中国数字文化产业研究 [M]. 北京：北京邮电大学出版社，2013.

[2] 郭万超，张钦坤. 数字文化产业 [M]. 北京：中共中央党校出版社，2020.

[3] 谈国新，钟正. 文化资源与产业文库民族文化资源数字化与产业化开发 [M]. 武汉：华中师范大学出版社，2012.

[4] 周正兵. 数字文化产业导论 [M]. 北京：首都经济贸易大学出版社，2023.

[5] 张铮. 数字文化产业体系与效应 [M]. 北京：新华出版社，2020.

[6] 杨旦修. 数字文化产业的平台转向、数据驱动与算法影响 [M]. 昆明：云南科技出版社，2023.

[7] 郑自立. 新时代中国数字文化产业高质量发展研究 [M]. 北京：中国社会科学出版社，2022.

[8] 熊澄宇，张铮，孔少华. 世界数字文化产业发展现状与趋势 [M]. 北京：清华大学出版社，2016.

[9] 王文宏. 中国数字文化产业发展报告 [M]. 北京：北京邮电大学出版社，2014.

[10] 蜂巢实验室编委会. 数字媒体与文化创意产业应用发展 [M]. 北京：中国标准出版社，2022.

[11] 黄蕊. 文化产业数字化赋能研究跃迁与升维 [M]. 北京：社会科学

文献出版社,2024.

[12] 郑焕钊. 数字时代的文化发展文化产业案例集 [M]. 广州：暨南大学出版社,2022.

[13] 杜浩,马野超. 数字经济时代河北省文化产业发展策略研究 [M]. 保定：河北大学出版社,2023.

[14] 金元浦. 数字和创意的融会文化产业的前沿突进与高质量发展 [M]. 北京：中国工人出版社,2020.

[15] 李婷. 基于文化自觉的中国数字娱乐产业研究 [M]. 上海：上海交通大学出版社,2020.

[16] 邓爱民,郭可欣. 数字时代文化和旅游产业线上展会发展理论与实证研究 [M]. 北京：中国旅游出版社,2022.

[17] 周莹. 数字经济下的创新政策组合理论与实证研究以文化产业为视角 [M]. 武汉：武汉大学出版社,2022.

[18] 向勇. 中国数字文化和旅游产业发展报告2021数智技术赋能新文旅的应用场景 [M]. 北京：中国旅游出版社,2022.

[19] 齐伟. 上海智库报告数字赋能媒体融合业态创新中国电影产业与文化新论 [M]. 上海：上海人民出版社,2022.

[20] 崔保国. 文化产业的数字化未来 [M]. 北京：清华大学出版社,2016.

[21] 郭嘉. 城市数字创意产业竞争力比较研究 [M]. 北京：中国传媒大学出版社,2022.

[22] 王莉,薛朝晖. 提升数字娱乐产业传播先进文化能力研究 [M]. 北京：九州出版社,2014.